Claudia Böschel

DaZ-Bewegungsspiele

Effektives Sprachenlernen für Schüler/-innen und Erwachsene

alle Niveaustufen (A1–C2)

Cornelsen

Die Autorin

Claudia Böschel (M. A.) arbeitet als freie Dozentin in den Bereichen DaZ und Gymnastik/Tanz. Sie ist sowohl im Unterricht als auch in der Lehreraus- und -fortbildung tätig, mit viel Leidenschaft für die Didaktik und neue Methoden und Materialien. Sie entwickelt Programme wie z. B. „Sprache in Bewegung". Durch ihre Arbeit in der Alzheimerforschung beschäftigt sie sich intensiv mit den Prozessen im menschlichen Gehirn. Auch als Autorin ist sie seit Jahren aktiv und hat unter anderem die DaZ-Grundstufenreihe „Ja genau!" mit verfasst.

Projektleitung: Dorothee Weylandt, Berlin
Redaktion: Anja Sieber, Hamburg
Illustrationen: Kristina Klotz, München
Umschlagkonzeption/-gestaltung: Ungermeyer, Berlin
Layout / technische Umsetzung: LemmeDESIGN, Berlin

www.cornelsen.de

1. Auflage, 3. Druck 2024

Druck: H. Heenemann, Berlin

ISBN 978-3-589-15915-4

PEFC
PEFC/04-31-1156

PEFC zertifiziert
Dieses Produkt stammt aus nachhaltig bewirtschafteten Wäldern und kontrollierten Quellen.
www.pefc.de

INHALT

VORWORT

In Anbetracht der Vielzahl an Methodenbüchern und Seminarangeboten, die es inzwischen auf dem Markt gibt, habe ich eines festgestellt: Es wiederholt sich vieles. Und trotzdem hatte ich immer das Gefühl, dass irgendetwas fehlt. Nachdem ich mich intensiver mit dem modernen Gehirnforschungsstand auseinandergesetzt habe, ist mir auch klar geworden, was es ist: Bewegung!

Bewegung mit Kindern, Jugendlichen oder Erwachsenen im Sprachunterricht – habe ich dazu überhaupt den Platz und die Möglichkeiten? Wie nehmen die Schüler dies auf? Ich probierte es aus. Zunächst schien es keinen so großen Effekt zu haben. Meine Versuche waren unbeholfen, einiges hat nicht so gut funktioniert, wie ich mir das gewünscht hatte.

Also habe ich Methoden so verändert, dass sie besser in ein Klassenzimmer passen. Es ist schön zu bemerken, dass die Schüler jetzt dadurch tatsächlich viel motivierter sind! Sie lernen schneller und effektiver und die Stimmung im Kurs ist sehr freundschaftlich. Auch meine Bedenken, dass diese vielen Spiele zu viel Zeit kosten würden, haben sich in Luft aufgelöst, denn ich muss lange nicht mehr so viel erklären und wiederholen wie vorher. Es hilft enorm, den Lernprozess durch etwas Bewegung aufzulockern, und beides lässt sich gut miteinander verbinden.

Sicherlich wird Ihnen auch in diesem Methodenbuch vieles bekannt vorkommen – ich habe es aber stark variiert. Ich wollte alle Methoden, die zur Thematik passen, aufnehmen und den verschiedenen Kategorien wie Grammatik, Wortschatz etc. zuzuordnen, damit Sie alles in einem Buch vorliegen haben. So können Sie immer, wenn Sie Lust auf etwas anderes verspüren, darin schmökern und werden bestimmt fündig. Es handelt sich hier um Anregungen für zwischendurch – zur Auflockerung, Gedächtnisbildung und Wiederholung.

Die Bewegungsspiele eignen sich für alle Lehrkräfte in der Sekundurstufe I, aber auch für alle Erwachsenen im Bereich DaZ. Es ist leicht in viele andere Fächer übertragbar: Formen Sie sie einfach um! Ich bin mir sicher, beim Lesen fallen Ihnen weitere Varianten ein. Es gibt Übungen mit mehr und andere mit weniger Bewegung. Für die meisten benötigen Sie kein Material und auch nur wenig Platz im Klassenraum.

Viel Spaß und einen abwechslungsreichen Unterricht wünscht Ihnen

Claudia Böschel

HINTERGRUNDWISSEN

Gehirngerechtes Lernen

Lehren und Lernen nach neurowissenschaftlichen Aspekten ist sehr modern geworden und es gibt viele Hypothesen, aber wenige Fakten. Fest steht: das Lernen ist und bleibt komplex und vieles, was bisher seine Gültigkeit hatte, hat sie immer noch.

Bevor das Gehirn etwas lernen will, wird die Information auf Relevanz und Neuigkeitswert hin überprüft, denn Lernen kostet viel Energie und die setzt das Gehirn nur ein, wenn es auch Hoffnung auf Erfolg und damit auf Belohnung gibt (Bei ADHS funktioniert genau das nicht. Alle Informationen werden gleichermaßen durchgelassen, was zu Reizüberflutung führt).

Die Information sollte neu, aber nicht zu neu sein, und es sollte Spaß machen, sie zu erforschen. Neugier ist angeboren und lässt nicht nach, wenn man keine Vorschriften erhält, wie man sich einer Sache nähern soll. Es kann sehr schnell passieren, dass Schüler abschalten, weil sie mit den Informationen nichts anfangen können. Gibt es einen konkreten Bezug zum Alltag, an Komisches, Verrücktes, Spannendes erinnert man sich eher als an Zahlen und Fakten. Als Lehrer kann ich also Lernprozesse anregen, sie aber nicht selbst steuern.

Da Lernen dort seinen Sitz hat, wo auch das Gefühlszentrum ist – nämlich im limbischen System, ist die Verknüpfung von beidem sehr wichtig. Das Gehirn unterscheidet nicht zwischen Inhalt und Bedeutung. Dass ich mir Erlebnisse besser einprägen kann, liegt an der emotionalen Intensität. Ohne Adrenalin geht gar nichts. Bitterschokolade im Unterricht zu verteilen, ist also gar keine schlechte Idee, dann wird nämlich jede Menge Dopamin ausgeschüttet.

Was dagegen die Information einfach nicht weiterleiten lässt, ist Stress. Also müssen wir als Lehrer für eine entspannte Atmosphäre sorgen oder körperlich aktiv werden, denn Stress lässt sich nur durch Bewegung wieder abbauen. Was auch sehr zur Entspannung beiträgt, ist Lachen. Nichts ist schlimmer als ein humorloser Lehrer, der sich selbst zu ernst nimmt.

Ist die Information durch, sollte sie natürlich nicht gleich wieder vergessen werden. Es ist wichtig, dass alles Neue irgendwo angedockt werden kann. Informationen ohne Anschlussstellen sind nicht lernbar. Das Vorwissen muss aktiviert werden.

Es gibt dabei verschiedene Gedächtnisanteile, die am besten miteinander verknüpft werden: das deklarative Gedächtnis für Fakten, das semantische für Bedeutungen und Vokabeln, das episodische für biografisches Wissen, das prozedurale für bestimmte Fertigkeiten wie Autofahren etc. und das emotionale für Gefühle. Noch besser ist es, zusätzlich Muster zu erzeugen, um die Verankerung zu erleichtern.

Als Kind lieben wir es, immer das gleiche Märchen zu hören – kein Wort darf weggelassen oder hinzugefügt werden. Dadurch stabilisieren sich die „Straßen" im Kopf. Auch beim Fremdsprachenlernen kommen wir nicht umhin, zu wiederholen, und das am besten direkt im Unterricht.

Im Frontalunterricht müssen quasi alle im Gleichschritt lernen, das Abspeichern ist aber sehr individuell. Neue Wissensvermittlung sollte durch Ruhephasen unterbrochen werden.

Dazu gehört auch ausreichend Schlaf. Während des Tages sind neue Informationen quasi noch auf dem Stick und müssen auf die Festplatte übertragen werden. Das geht nur im Schlaf. Übrigens: Deklaratives Wissen braucht Tiefschlaf und prozedurales Wissen braucht REM-Schlaf.

Wir Menschen haben neben der Sprache noch eine große Besonderheit gegenüber Tieren: Wir lernen sogar, wenn wir nichts tun, aber andere beim Handeln beobachten – ein Grund, warum das E-Learning nur bedingt einsetzbar ist. Es gilt die Devise: vormachen – nachmachen.

Gehirn und Bewegung

Je mehr das Gehirn erforscht wird, umso mehr neue Fakten kommen zutage. Es ist noch viel leistungsfähiger und kreativer, als man bisher annahm. Das Gehirn verbraucht ein Drittel des gesamten Energiebedarfs und benötigt 1 000 Liter Blut am Tag. Es besteht aus mehr als zehn Milliarden Gehirnzellen, die alle durch Dendriten, Axone und Synapsen miteinander verbunden sind. Dadurch können wir so viele verschiedene Gedanken, Bilder und Gefühle haben, wie sie keine Festplatte der Welt speichern könnte. Überhaupt ist das Gehirn kein Speicher, sondern eher ein Generator.

Interessant dabei ist, dass die Vernetzung der Nervenzellen NUR durch Bewegung erfolgt. Hinter jeder Zahl, jedem Buchstaben steht Bewegung. Betrachten wir z. B. ein Fahrrad, dann sind im Gehirn verschiedene Areale aktiv – auch der Motorcortex, d h., wir wissen innerlich sofort, wie sich das Fahrrad fährt (vorausgesetzt wir haben es bereits irgendwann gelernt).

Schon hinter ganz einfachen Bewegungen steht ein komplexes Zusammenspiel von Gehirn, Rückenmark und Muskeln. 650 davon haben wir im gesamten Körper, 30 sind allein für die Mimik zuständig. Vieles machen wir völlig unbewusst. Die Arbeit, die z. B. hinter einfachem Gehen steckt, wird oft unterschätzt und nur deutlich, wenn man Babys dabei beobachtet, wie sie es lernen.

Fordern wir unser Gehirn aber zu neuen Bewegungsmustern heraus, indem wir z. B. ein Instrument erlernen, wird dabei zwar viel Energie verbraucht, aber es hilft dem Gehirn, neue Synapsenverbindungen aufzubauen. Und diese benötigen wir, um lebenslang aktiv zu bleiben und unsere Gedächtnisleistung zu erhalten und ggf. auch zu erhöhen.

Das Besondere dabei ist nämlich, dass Bewegung die Nervenzellneubildung im Hippocampus fördert. Dafür wird der Botenstoff Serotonin benötigt, wie Forscher in Berlin nun im Experiment mit Mäusen herausfanden.

Sprache in Bewegung

Wussten Sie, dass das Gehirn am besten bei einem Puls von 100 arbeitet? Die Konsequenz daraus muss aber nicht sein, dass der Fremdsprachenunterricht nun im Gymnastikraum stattfinden sollte, denn es gibt noch einen anderen interessanten Fakt: Der Puls sollte wellenförmig ansteigen und abfallen. Das heißt, es reicht aus, wenn wir im Unterricht kleine Bewegungsinseln schaffen, und dafür braucht man nicht unbedingt viel Platz.

Die Bewegungen müssen zudem nicht mit schweißtreibenden Tätigkeiten gleichgesetzt werden. Sie können ganz klein sein und z. B. nur in den Fingern stattfinden – Hauptsache ist, der Körper kann reagieren und so mitentscheiden, was im Kopf in Gang gesetzt wird.

Im Sprachenunterricht habe ich als Lehrkraft zwei mögliche Ansätze, Bewegung zu integrieren: Ich kann 1. das Lernen mit einer Bewegung unterstützen, oder ich kann 2. den Lernprozess durch Bewegung unterbrechen. Bei Ersterem erhöht sich die Gedächtnisleistung und Konzentration. Ich kann schneller von einer zu einer anderen Aufgabe wechseln. Auch die Sauerstoff- und Zuckerversorgung des Gehirns verbessert sich und das bereits nach minimalen Bewegungseinheiten. Durch Bewegung fühlen wir uns auch wacher, denn das Gehirn erhält Sinnesreize über das Gleichgewichtsorgan. In welcher Lage befindet sich der Körper gerade? Wie aufnahmefähig muss er sein?

Gleichzeitig erhöhen sich die Durchblutung und damit das Wohlbefinden und die Motivation. Man hat einfach bessere Laune, wenn man etwas in Bewegung lernt. Kinder haben einen natürlichen Bewegungsdrang, sie stören nach Bewegungseinheiten viel weniger und passen besser auf. Dadurch können sie auch mehr Informationen aufnehmen und abrufen. Jugendliche und Erwachsene haben das im Laufe ihrer Lernbiografie verlernt und müssen erst wieder dazu angeregt werden.

Das ist auch der Grund, warum viele Schüler Bewegung beim Lernen erst einmal ablehnen. Sie können damit nichts anfangen, sehen den Sinn dahinter nicht, möchten nicht aufstehen. Ihnen begegnet man am besten, indem man verschiedene kleine Lerneinheiten mit verschiedenen Lernstrategien anbietet (Lernen durch die Vokabelkartei, als Geschichte verpackt, mit Symbolen und Markieren versehen etc.) und danach einen Test macht, wie gut sie sich an die einzelnen Sequenzen erinnern. Sie werden sehen, die Bewegungsformen werden dabei sehr gut abschneiden – vor allem auch langfristig. Das kann zu einem Umdenken führen.

Was auch hilft, ist ein umfangreiches Hintergrundwissen wissenschaftlicher Art. Personen, die Bewegung ablehnen, sind nämlich meistens die, die sehr kognitiv eingestellt sind. Wenn all das nicht helfen sollte, sage ich immer zu den einzelnen, die übrigbleiben, probiert es bitte drei Mal und wenn ihr dann immer noch nicht überzeugt seid, ist es vielleicht wirklich nichts für euch und ihr bekommt in der Zeit eine andere Aufgabe. Dies sind aber wirklich Einzelfälle. In der Regel verbessert sich allein das soziale Klima so stark durch die Spiele, dass die Schüler schon deshalb gerne darauf zurückgreifen.

WIE DAS BUCH AUFGEBAUT IST

Die Bewegungsspiele sind unterteilt in Spiele zum Kennenlernen, zum Energieaufbau, zur Abspeicherung, zur Grammatik und zum Wortschatz, zu bestimmten Themen und zur Phonetik. In der nachfolgenden Übersicht sehen Sie, wie Sie diese Spiele noch anderwärtig einsetzen können, denn es gibt oft eine Grundform, die sich für viele Themen eignet.

Spiele zum Kennenlernen

Kennenlernspiele sind wichtig, weil Lernen nur angst- und schamfrei erfolgen kann und eine gute Gruppendynamik dazu notwendig ist. Gerade im DaZ-Unterricht, wo es häufig zu Zu- und Abgängen kommt, sollte jeder neue Schüler voll integriert werden. Dadurch können Sprechhemmungen abgebaut werden. Dazu gehört es auch, eine fehlertolerante Stimmung zu erzeugen, denn eine neue Sprache lernt sich nicht, ohne dabei Fehler zu machen. Bei den Bewegungsspielen geht es um das Probieren, nicht ums Können-Müssen. Weder der Bewegungsablauf noch der Sprechakt muss perfekt sein. Trotzdem macht man hinterher weniger Fehler und wird flüssiger sprechen können. Der Grund hierfür liegt in der Komplexität des Gehirns. Umso mehr Synapsenverbindungen zu einer Sache geschaffen werden, umso leichter lassen sich Informationen wieder abrufen. Signale über den Körper nehmen wir zudem stärker wahr als andere.

Spiele zum Energieaufbau

Pro Jahr sitzen wir über 2 000 Stunden! Auch in der Schule kommt es dabei zu Durchblutungsstörungen, und der Lernprozess wird behindert: Die Notwendigkeit der Bewegung im Unterricht wird total unterschätzt. Energieaufbauübungen bringen Leichtigkeit in den Unterricht – sie eignen sich hervorragend, um Themenblöcke voneinander zu trennen und die Konzentrationsfähigkeit wiederherzustellen. Das Gehirn wird quasi auf Reset geschaltet und kann sich neu ausrichten. Die Zeitpunkte für den Einsatz sind vielschichtig. Zu Beginn einer Einheit erleichtern sie das mentale Ankommen und fördern die Aufmerksamkeit. Immer, wenn die Energie nachlässt, schaffen sie neuen Raum für Gedächtnisleistungen aller Art. Energieaufbauübungen machen Spaß und sollten sich von der sonstigen Unterrichtsführung unterscheiden. Es gibt lustige Energieaufbauübungen und solche, die eher entspannen. Wichtig ist auch, dass Sie als Lehrkraft Übungen wählen, mit denen Sie sich wohlfühlen. Denn was Ihnen peinlich ist, ist auch Ihren Schülern peinlich.

Merkspiele
Grammatik – und Wortschatzspiele

Merkspiele haben deshalb eine eigene Kategorie, weil sie so effektiv sind, dass sie oft eingesetzt werden können. Diese kleinen Bewegungsinseln sind wunderbar, um schnell zu lernen und sich die, nach neuesten Forschungsstand notwendigen, 80 Wiederholungen zu sparen. Das Problem ist doch oft, dass im Unterricht gar keine „echten" Lernphasen eingeplant werden (können), weil der Lehrplan dafür kein Zeitfenster vorsieht. Lernen sollen die Schüler zu Hause. Damit sind sie aber oft überfordert, weil sie zum einen oft nicht geeignete Methoden kennen und sie zum anderen die Vokabelflut abschreckt.

Die Methoden sind nicht für den einmaligen Gebrauch gedacht, denn dazu sind sie zum Teil zu aufwändig in der Erklärung. Entscheidet man sich als Lehrkraft für eine, kann so längerfristig der Wortschatz trainiert werden. Nach ein, zwei Mal müssen die Schüler nicht mehr über den Ablauf nachdenken und können sich voll auf das Abspeichern des Wortschatzes konzentrieren.

Spiele zu bestimmten Themen

Unter „Spiele zu bestimmten Themen" sind solche zu den Fertigkeiten, Zahlen und Buchstaben integriert. Schrift und Zahlen z. B. sind nicht im Gehirn angelegt. Seit 30 000 Jahren hat sich unser Gehirn größtenteils nicht verändert. Zum Fremdsprachenlernen ist es ursprünglich nicht gemacht worden, es wurden bestimmte Module dafür umfunktioniert. Deshalb läuft die Schrift oder Mathematik nicht einfach automatisch ab. Da ist kein Ort, wo man die lateinische, arabische oder chinesische Schrift ablegen und wieder abrufen kann. Schrift und Zahlen sind Elemente, mit denen unser Gehirn große Schwierigkeiten in der Verarbeitung hat. Sie sind sehr abstrakt und benötigen besonders stark unsere Aufmerksamkeit. Man unterscheidet zwei grundsätzlich verschiedene Themenbereiche: ein Unterricht mit oder ohne Alphabetisierung. Im erstgenannten kommt dem ganzheitlichen Aspekt und dem Bewegungslernen eine besondere Rolle zu. Als Jugendlicher lesen und schreiben zu lernen, ist ohne Bewegung fast unmöglich. Auch im fremdsprachlichen Unterricht ohne Alphabetisierung gibt es zwei Untergruppen: Handelt es sich um eine Sprache mit anderem Schriftsystem oder nicht? Je mehr Schriftsprachenkompetenz benötigt wird, umso wichtiger ist die Einbettung von Bewegungskomponenten. Für alle anderen sind es spielerische Elemente, die sich gut als Energieaufbauübungen eignen. Zahlen in einer Fremdsprache zu lernen, ist genauso problematisch. Auch in fortgeschrittenen Kursen sollten sie immer mal wieder Einzug in den Klassenraum finden, weil es so schwer ist, sie zu automatisieren. Ein besonderes Problem stellt die deutsche Sprache dar, weil sie die Zehner auch noch verdreht – ein klarer Fall für Bewegungsübungen! Speziell diese haben auch noch einen hohen Konzentrationsanteil dabei, so dass Sie als Lehrer erst einmal selbst trainieren sollten. Aber die Mühe lohnt sich – für Sie und die Schüler.

Phonetikspiele

Phonetik wird in großen Sprachgruppen oft stiefmütterlich behandelt. Es ist schwierig, die gesamte Klasse einzubeziehen, die Korrektur ist mühsam und sehr individuell, die Schüler verstehen zudem oft gar nicht, was sie überhaupt falsch machen und in den Lehrwerken ist Phonetik oft isoliert angegeben und fällt als Erstes vom Stundenplan. Hören ist die Voraussetzung, um Laute überhaupt korrekt aussprechen zu können und dafür müssen die Hörergebnisse für die Schüler kontrollierbar sein. Ein Großteil der Arbeit läuft über Minimalpaare. Da hat man aber nicht viele Möglichkeiten – in den Lehrbüchern gibt es dazu fast nur Ankreuzübungen. Dabei Bewegung mit ins Spiel zu bringen, führt zu einem direkten Körpererlebnis, was viel besser abgespeichert werden kann als herkömmliche Methoden. Wir haben eher Kontrolle über unseren Körper als über unsere Sprechbewegung, d.h., wenn wir unseren Körper einsetzen, während wir sprechen, können wir einen positiven Einfluss auf die Aussprache ausüben. Ein simples Beispiel ist die entsprechende Armbewegung, wenn die Stimme nach oben oder nach unten geht. Das macht man schon automatisch.

ÜBERSICHTSPLAN ÜBER DIE EINZELNEN SPIELE

Nr.	Spiel	Wo?	Seite	Wie noch?
1	Namenskette mit Provokation	Kennenlernen	15	Wortschatz, Diskussionsthemen
2	Schnips deinen Namen	Kennenlernen	16	Zahlen, Wortschatz, Grammatik
3	Zettel am Boden	Kennenlernen	17	Wortschatz
4	Tanz im Kreis	Kennenlernen	18	Wortschatz, Grammatik
5	Streichholzsammlung	Kennenlernen	20	Wortschatz, Grammatik
6	Gegenschlag	Kennenlernen	21	Wortschatz, Grammatik
7	Der Esel zum Fototermin	Energieaufbau	23	–
8	Schu-schi	Energieaufbau	24	Phonetik
9	Jäger sucht Beute	Energieaufbau	25	–
10	Gleichzeitig	Energieaufbau	26	–
11	Shakedown	Energieaufbau	27	Zahlen
12	Hannes	Energieaufbau	28	Berufsorte, Körperteile
13	Energiepegel	Energieaufbau	29	–
14	Zickzack	Merkspiele	30	Wortschatz, Grammatik, Kennenlernen, Phonetik
15	Konzentration mit drei Bällen	Merkspiele	34	Wortschatz, Grammatik, Kennenlernen, Phonetik
16	Ich, du und er	Merkspiele	37	Grammatik
17	Herbstblätter	Merkspiele	38	Wortschatz, Grammatik
18	Kreuzsprünge	Merkspiele	43	Grammatik
19	Mit der Sprache jonglieren	Merkspiele	45	Grammatik, Wortschatz, Phonetik
20	Erinnerungsorte im Raum	Merkspiele	46	Lese- und Hörtextarbeit
21	Meine Tante kam zurück	Wortsch./Gr.	47	–
22	4 x 5	Wortsch./Gr.	49	Lese- und Hörtextarbeit
23	Apfel oder Pfirsich?	Wortsch./Gr.	51	Phonetik
24	Einer geht voran	Wortsch./Gr.	52	Lese- und Hörtextarbeit, Sprechen
25	Klatschen und tanzen	Wortsch./Gr.	53	Sprechen
26	Kataloge	Wortsch./Gr.	54	Sprechen
27	Pantomime für Profis	Wortsch./Gr.	56	Lese- und Hörtextarbeit

Nr.	Spiel	Wo?	Seite	Wie noch?
28	Daumen frei	Wortsch./Gr.	57	Lese- und Hörtextarbeit, Phonetik
29	Himmel und Hölle	Wortsch./Gr.	58	–
30	Fliegenklatsche	Wortsch./Gr.	59	Lese- und Hörtextarbeit
31	Artikelgymnastik	Wortsch./Gr.	60	–
32	Verbkreis	Wortsch./Gr.	61	Landeskunde
33	Hilfe	Wortsch./Gr.	62	Kennenlernen
34	Fingerspiele	Wortsch./Gr.	64	Energieaufbau, Merkspiel
35	Konsum	Wortsch./Gr.	65	–
36	Sagen, aber nicht machen	Wortsch./Gr.	66	Energieaufbau
37	Der magische Stab	Wortsch./Gr.	67	Kennenlernen
38	Im Gleichgewicht bleiben	Wortsch./Gr.	68	Sprechen
39	Sätze in Bewegung	Wortsch./Gr.	69	–
40	Ballfete	Wortsch./Gr.	70	Minimalpaare, Zahlen
41	Grammatik am Körper	Wortsch./Gr.	71	–
42	Text(Teile) in Bewegung	Lesen	72	Wortschatz, Grammatik, Phonetik
43	Präteritumpflücken	Hören	73	Wortschatz, Grammatik
44	Staffelhören	Hören	74	Wortschatz, Grammatik
45	Kugellager	Sprechen	75	Grammatik, Wortschatz, Phonetik, Kennenlernen
46	Störball	Sprechen	76	–
47	Handlungsfolge	Sprechen	77	Grammatik, Wortschatz
48	Mathe im Raum	Zahlen	78	Wortschatz
49	Datumstwist	Zahlen	79	Wortschatz
50	Das Einhorn	Zahlen	80	–
51	Uhrzeiten stellen	Zahlen	82	–
52	Schreib nicht, zähl!	Zahlen, Rechtschreib.	83	Energieaufbau, Konzentration
53	Buchstaben- und Silbenliebe	Alphabet	84	–
54	Buchstabenalphabet	Alphabet	85	–
55	Schinkenbrötchen	Phonetik	86	Energieaufbau, Sätze
56	Wattefußball	Phonetik	88	–
57	Sipp-Siep	Phonetik	89	Gegenteile
58	Becherrap	Phonetik	90	Grammatik
59	Vor-und-Zurück und Kommahören	Phonetik	91	Wortschatz, Gegenteile
60	Buchtennis	Phonetik	92	Wortschatz
61	Schokoladenhände	Phonetik	93	Wortschatz

NOTWENDIGE MATERIALIEN

Wenn Sie die nachfolgenden Spiele durchführen wollen, sind einige wenige Materialanschaffungen sinnvoll, die an dieser Stelle kurz erwähnt seien. Sehr häufig wird mit Bällen gearbeitet. Für manche Übungen benötigt jeder einen Ball. Da das im Unterricht oft zu aufwändig ist, gibt es eine gute Alternative: Kaufen Sie bunte Tücher. Diese können Sie als Bälle umfunktionieren, indem Sie sie mehrmals knoten. Sie sind platzsparend und sehr günstig. Einzelne verschiedenfarbige Schaumstoffbälle können hinzugefügt werden.

Ein wunderbares Allroundmittel ist das Kreppband. Es eignet sich hervorragend, um fleckenlos Dinge an die Wände zu bringen oder Zettel zu verteilen, die die Schüler sich an die Brust kleben sollen. Dazu sind oft Kärtchen angegeben. Diese können aber jeweils durch normales Papier ersetzt werden.

Für einige wenige Spiele benötigt man spezielles Material:
Streichhölzer – Spiel 5
Murmeln – Spiel 11
Kreide – Spiel 29
Zwei Fliegenklatschen – Spiel 30
Watte – Spiel 56
Becher – Spiel 58

HITLISTEN

Die beliebtesten Bewegungsspiele

- Fliegenklatsche
- Zickzack
- Text(teile) in Bewegung
- Artikelgymnastik

Die effektivsten Merkspiele

- Kreuzsprünge
- 4 × 5
- Memoroute
- Konzentration mit drei Bällen

Die forderndsten Spiele

- Schnips deinen Namen
- Hilfe
- Ballfete
- Buchtennis

Spiele mit viel Bewegung

- Tanz im Kreis
- Apfel oder Pfirsich
- Meine Tante kam zurück
- Himmel und Hölle

Spiele mit wenig Bewegung

- Handlungsfolge
- Kataloge
- Streichholzsammlung
- Daumen frei

I KENNENLERNSPIELE

NAMENSKETTE MIT PROVOKATION

1

Klassenstufe	5–7 bzw. 8–10
Ziel	Schüler lernen die Namen der anderen
Arbeitsform	Plenum
Material/Vorbereitung	— (bzw. 3 Schilder)
Zeit	7 bzw. 10 Minuten
Einbindung in den Unterricht	Als Kennenlernaktivität

BESCHREIBUNG

Die Schüler stellen sich der Reihe nach namentlich vor und machen dabei eine Geste. Diese wird von der nächsten Person nach dem „Kofferpacken"-Prinzip aufgenommen und eine eigene Geste wird hinzugefügt. Bei großen Klassen ist es sinnvoll, nach acht Personen eine neue Runde zu starten.
Statt der Geste kann passend zum ersten Buchstaben des eigenen Namens ein Adjektiv ausgesucht werden, also *die Arm hebende Anna, der blinzelnde Bernard, die sich drehende Daniela* etc.
Die Schüler sagen ihren Namen und fügen einen Tiernamen hinzu. Dazu machen sie eine passende Geste, also *Michaela Maus, Normen Nashorn, Oman Otter.* Auch Hobbies können hinzugefügt werden. Man kann damit auch Wortschatz wunderbar üben. Jeder Schüler steht für ein Wort einer Kategorie (z.B. Nomen mit Artikel für Obst und Gemüse, Verben der Bewegung etc.).

ALTERNATIVE

Die Schilder werden jeweils auf der Vorder- und Rückseite beschriftet. Auf das erste Schild schreibt man: *„Zu meiner Person"*, auf das zweite Schild: *„Meine Stärken"* und auf das dritte Schild: *„Was mich vom Rest der Gruppe unterscheidet"*. Die Schüler kommen einzeln nach vorn, gehen von Schild zu Schild und sagen einen passenden Satz zu sich selbst.
Hinweis: Es kann einige Schüler Überwindung kosten, im Plenum über sich zu sprechen. Um das zu umgehen, ist es auch möglich, diese Aktivität in Gruppen zu machen. Wichtig dabei ist, sich trotzdem hinter den Schildern (oder auch Zetteln auf dem Tisch) aufzustellen und die Aufgaben abzuarbeiten. Am Ende dieser Gruppenarbeit könnte man dann erfragen, was der Einzelne an Interessantem erfahren hat.

2 SCHNIPS DEINEN NAMEN

Klassenstufe	5–10
Ziel	Schüler lernen die Namen der anderen
Arbeitsform	Plenum
Material/Vorbereitung	–
Zeit	7 Minuten
Einbindung in den Unterricht	In der ersten Stunde als Kennenlernaktivität

BESCHREIBUNG

Die Schüler arbeiten in Gruppen. Alle stehen oder sitzen eng zusammen. Jeder sagt zunächst erst einmal seinen Namen und die anderen versuchen, sich zumindest zwei bis drei Namen zu merken. Eine Person beginnt: Sie schnipst mit der rechten Hand und nennt den eigenen Namen und schnipst danach mit der linken Hand und sagt irgendeinen Namen von einer Person aus der Runde. Die angesprochene Person macht weiter, schnipst rechts mit dem eigenen und danach links mit dem neuen Namen. Immer schneller zu werden. Nach einer Weile sollen innerhalb der Gruppen ein paar Schüler ausgetauscht werden.

VARIANTEN

- Die „schnipsende" Person sagt nicht mehr den eigenen Namen, sondern den der rechts nächsten und übernächsten Person.
  Beispiel: Selma ist dran. Sie schnipst rechts und sagt „Roman" und schnipst danach links und sagt „Silvia". Das heißt: Roman ist als Nächstes dran und schnipst rechts und sagt „Silvia" und schnipst links und nennt einen neuen Namen aus der Runde.

- Anstatt zu schnipsen kann man sich auch auf die Oberschenkel klopfen.

VARIANTE

Besonders die Variante ist nicht leicht zu erklären. Lieber nehmen Sie drei Personen aus dem Kreis heraus und üben es ein paar Mal mit ihnen vor den anderen.

ZETTEL AM BODEN

Klassenstufe	6–7
Ziel	Sich kennenlernen, Menschen und Eigenschaften beschreiben
Arbeitsform	Plenum
Material/Vorbereitung	Zettel, Stift, Musik
Zeit	10 Minuten
Einbindung in den Unterricht	als Kennenlernaktivität

BESCHREIBUNG

Jeder beschriftet einen Zettel mit seinem Namen und zusätzlich mit einem oder zwei Details zur eigenen Person, z. B. *Erdan, Iran, 14 Jahre, Fußball.* Dann werden alle Zettel gut sichtbar am Boden abgelegt (in größeren Abständen). Die Schüler laufen durch den Raum und Sie starten eine Musik. Stoppt sie, suchen sich die Schüler den nächstbesten Zettel und versuchen so schnell wie möglich die passende Person zu dem Zettel aufzusuchen. Dann können einige laut sagen, was auf dem Zettel steht: *Das ist Erdan. Er kommt aus dem Iran. Er ist 14 Jahre alt und spielt gerne Fußball.*

VARIANTEN

- Sie können den Wettbewerbscharakter hinzunehmen und das Ganze zu „Reise nach Jerusalem" ausbauen, d. h., dass auf dem Boden immer ein Zettel weniger liegt als Personen, die mitspielen, und dass derjenige ausscheidet, der keinen Zettel findet.
- Je nach Unterrichtsaktivität können Sie auch Vorgaben machen, was auf den Zetteln stehen soll, z. B. welche Möbelstücke man zu Hause hat/nicht hat, welche Kleidung man mag, welche Getränke man bevorzugt etc.
- Sie können auch die Namen weglassen und die TN müssen selbst herausfinden, zu wem die aufgezählten Punkte gehören.

4 TANZ IM KREIS

Klassenstufe	5–10
Ziel	Schüler lernen sich kennen oder trainieren Wortschatz
Arbeitsform	Plenum
Material/Vorbereitung	Wahl der Schüler
Zeit	10 Minuten
Einbindung in den Unterricht	In der ersten Stunde als Kennenlernaktivität

BESCHREIBUNG

Alle stehen im Kreis oder bei wenig Platz im U. Nun wird zunächst jeweils der rechte und linke Nachbar nach dem Namen gefragt und gemerkt. Dann bewegen alle ihr rechtes Bein nach vorne und nach hinten (4×). Sie als LK geben den Takt vor und zählen: 1 und, 2 und ... bis 4. Bei „4 UND" stellen alle ihr Bein ran und wechseln danach auf links. Dies ein paar Mal einüben.
Wenn das gut funktioniert, beginnen Sie wieder mit rechts und fordern Sie die Schüler auf, bei „4" den Namen des jeweils rechten Nachbars zu nennen. Das Gleiche dann mit dem Nachbar links.
Dann beginnen Sie eine neue Runde – dieses Mal mit den Personen, die neben den eigenen Nachbarn stehen. Dazu können Sie dann Musik anmachen, die Schüler tanzen und sagen jeweils die Namen auf „4".
Nach der zweiten Runde dann alles noch einmal mit allen Namen: bei irgendeiner Person anfangen, sich darauf einigen und bei „4" zeigen alle auf diese Person und sagen den Namen. Dann wechseln auf das linke Bein und weiter geht es im Uhrzeigersinn mit den Namen.

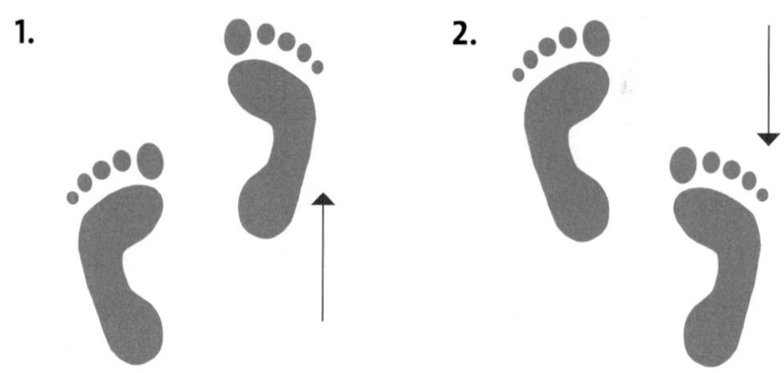

HINWEIS

Ideal ist ein 4/4-Takt, weil er gut zu den Schritten passt und meistens auch gut erkennbar als Beat wahrgenommen wird.

VARIANTEN

- Die Schüler erhalten jeweils ein Wort oder eine Wortgruppe und kleben es sich an den Körper. Um den kompletten Wortschatz zu üben, sollen die TN immer wieder einen anderen Platz im Raum einnehmen, so dass sie neue Nachbarn neben sich stehen haben.
- Auch für die Grammatik lassen sich bei dieser Aktivität viele Beispiele finden. Als Kopiervorlage haben Sie beifügend typische Verben. Diese Variante ist auch Platz sparend. Alle stehen hinter ihren Tischen im U und die Abfolge der Bewegungen wird auf die Grundschritte reduziert. Jeder erhält einen der Zettel aus der Kopiervorlage und heftet ihn sich vor die Brust. An einer Stelle der U-Form wird begonnen. In den ersten vier Takten sagt die Person, die anfängt, einen Satz mit ihrem Verb, z. B. „Ich tanze gerne." Sie wiederholt den Satz solange, bis die vier Takte um sind. Dann sprechen alle im Chor „Sie tanzt gerne" – und zwar auch solange, bis die vier Takte um sind. Dann geht es im Uhrzeigersinn weiter.

KOPIERVORLAGE

VERBEN IM KREIS TANZEN

Claudia Böschel – **DaZ-Bewegungsspiele** Effektives Sprachenlernen für Schüler und Erwachsene alle Niveaustufen (A1–C2) – Illustratorin: Kristina Klotz

5 STREICHHOLZSAMMLUNG

Klassenstufe	5–10
Ziel	Schüler lernen sich kennen oder trainieren Wortschatz
Arbeitsform	Plenum
Material/Vorbereitung	Drei Streichhölzer pro Person, Kreppband
Zeit	10 Minuten
Einbindung in den Unterricht	Einführungsphase oder Wiederholungsphase

BESCHREIBUNG

Alle Schüler bekommen einen Kreppbandstreifen und schreiben darauf in Großbuchstaben:

1. den Anfangsbuchstaben ihres Namens
2. den Anfangsbuchstaben der Muttersprache (oder des Wohnortes oder des Herkunftslandes etc.)
3. den Anfangsbuchstaben für ein Hobby etc.

Zusätzlich erhält jeder Schüler drei Streichhölzer. Dann werden die Streifen an den Körper geklebt und alle stellen sich kurz vor und erklären ihre Buchstaben. Dann verteilen sich alle im Raum und gehen jeweils paarweise zusammen und versuchen sich zu erinnern, wofür die Buchstaben standen. Bei jeweils drei richtigen Antworten bekommt man von dem Gesprächspartner ein Streichholz und sucht sich die nächste freie Person. Jeder Schüler darf nur einmal befragt werden. Gewonnen hat die Person mit den meisten Streichhölzern.

ALTERNATIVEN

Es kann auch wunderbar Wortschatz oder/und Grammatik damit geübt werden. Dann gibt es andere Kategorien, z. B. Gegenstände im Haus:

1. Was für ein Gegenstand ist das?
2. Wieso magst du ihn / nicht?
3. Woher hast du ihn?

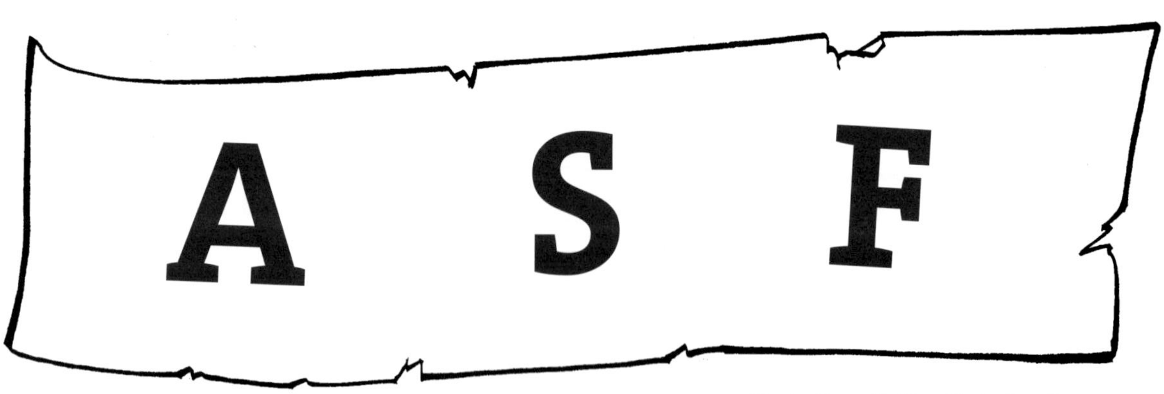

Illustration: Steffen Jähde, Sundhagen

GEGENSCHLAG

6

Klassenstufe	5–10
Ziel	Schüler lernen sich kennen
Arbeitsform	Plenum
Material/Vorbereitung	Ball
Zeit	5 Minuten
Einbindung in den Unterricht	Einführungsphase

BESCHREIBUNG

Alle sitzen im Kreis, eine Person hat einen Ball in der Hand, sagt den Namen eines Mitschülers und wirft ihm dann den Ball zu. Dieser muss in der Zwischenzeit zwei Mal in die Hände klatschen und einen anderen Namen aus der Runde nennen, bevor er den Ball fängt. Schafft er es nicht, scheidet er aus.

VARIANTEN

- Interessant wird es, wenn man zusätzlich ausmacht, dass die ausgeschiedenen Personen trotzdem weiter im Kreis sitzen. Jeder muss sich also merken, wer noch im Spiel ist und nur diese Personen anwerfen. Wirft man trotzdem zu einer schon ausgeschiedenen Person, so darf diese reagieren und den Ball fangen und auch vorher einen anderen Namen sagen, aber die Person, die den Ball zuvor geworfen hat, ist auch automatisch ausgeschieden.
- Das funktioniert auch sehr gut mit den vorher ausgemachten Grammatik- oder Wortschatzkarten. Jeder Schüler steht für ein bestimmtes Wort. Bevor das Klatschspiel beginnt, gehen alle im Raum umher und versuchen sich einzuprägen, zu wem welches Wort gehört. Das kann unterstützt werden, indem die Kärtchen mit Kreppband an der Brust befestigt werden oder man sich gegenseitig befragt.

ALTERNATIVE

- Beim Beispiel „Wann treffen wir uns?“ (Kopiervorlage) erhalten die Schüler typische Nomen der Zeitangaben ohne Präpositionen. Genannt werden soll aber im Spiel das komplette Redemittel.

KOPIERVORLAGE

WANN TREFFEN WIR UNS?

Montag	1 Jahr
1 Woche	1 Monat
1 Stunde	2 Monate
3 Stunden	4 Wochen
10 Jahre	Abend
Nacht	Mittagspause
Wochenende	März
Herbst	4 Tage

II SPIELE ZUM ENERGIEAUFBAU

DER ESEL ZUM FOTOTERMIN

7

Klassenstufe	5–10
Ziel	Schüler entspannen sich und bauen Energie auf
Arbeitsform	Plenum
Material/Vorbereitung	–
Zeit	5 Minuten
Einbindung in den Unterricht	Immer wenn die Luft raus ist

BESCHREIBUNG

Bevor Sie die Aktivität zum ersten Mal starten, müssen Sie ein paar Figuren erklären. Wählen Sie drei aus, suchen Sie sich zwei Partner, machen Sie die Figuren vor und nennen den Titel. Es gehen immer drei Personen zusammen. Sie nennen abwechselnd eine der drei Figuren und die Schüler stellen sich dementsprechend auf. Wenn Sie z. B. „Kotzendes Känguru" sagen, breitet die mittlere Person ihre Hände zu einem großen Kreis aus (Beutel), in den die anderen zwei sich geräuschvoll übergeben.

FIGUREN

TOASTER: Einer wird in die Mitte genommen, die anderen beiden fassen sich an den Händen und spielen den Toaster. Der „Toast" in der Mitte hüpft auf und ab. **KUH:** Eine Person spreizt die Hände, die anderen „melken". **ELEFANT:** Die äußeren Personen bilden jeweils einen Halbkreis mit ihren Armen, die mittlere Person formt den Rüssel. **WACKELPUDDING:** Die mittlere Person kreist mit den Hüften und wedelt mit den Armen. Die äußeren Personen fassen sich an den Händen und stellen den Becher dar. **ESEL:** Esel sind störrisch, alle bleiben starr stehen. **FOTOTERMIN:** Die mittlere Person ist das Model und setzt sich in Szene, die anderen fotografieren und kommentieren. **TIEFKÜHLTRUHE:** Die äußeren Personen sind die Tiefkühltruhe. Die mittlere Person bibbert drinnen vor Kälte. **MIXER:** Die mittlere Person streckt die Arme aus und die anderen beiden drehen sich darunter. **KLASSIKTRIO:** Die mittlere Person singt pantomimisch Arien, die anderen begleiten sie auf der Geige bzw. Flöte. **WECKER:** Die mittlere Person streckt die Arme aus. Die anderen stehen jeweils darunter. Nun schlägt abwechselnd der rechte und der linke Arm auf den jeweiligen Kopf. Die anderen schütteln sich (Vibration) und rufen „Ring, ring!". **AUFZUG:** Die mittlere Person steht vor den beiden anderen Personen. Diese treten zur Seite (Aufzug öffnet sich), die mittlere Person tritt hinter die beiden (geht in den Aufzug rein). Danach schließt sich der Aufzug wieder. Die mittlere Person drückt auf einen Knopf. Die beiden anderen gehen schnell in die Hocke (der Aufzug fährt nach oben). **DISCO:** Die mittlere Person tanzt, die beiden anderen öffnen und schließen ihre Hände (Blinklichter).

ALTERNATIVE

Eine Person geht in die Mitte und fordert eine einzelne Person zu einer Figur auf. Diese ist automatisch in der Mitte, d. h. die Partner rechts und links müssen mitmachen. Dann fordert sie in schneller Abfolge andere Personen auf, so dass man immer aufpassen muss, ob man ggf. wieder eine neue Figur stellen muss. Klappt das nicht schnell genug, muss die „schlafende" Person in die Mitte.

8 SCHU-SCHI

Klassenstufe	5–10
Ziel	Schüler entspannen sich und bauen Energie auf, Phonetik sch, sp, st, etc.
Arbeitsform	Plenum
Material/Vorbereitung	1 Stift pro Person
Zeit	5 Minuten
Einbindung in den Unterricht	Um die Konzentration wieder herzustellen, um Phonetik zu üben

BESCHREIBUNG

Bevor Sie die Aktivität zum ersten Mal starten, müssen Sie die Figuren erklären. Die TN bilden einen Kreis und knien eng aneinander. Jeder hat einen Stift vor sich liegen. Sie erklären die Regeln:

„schu-schi“

- schu: den Stift mit der rechten Hand nehmen
- schi: den Stift bei der Person rechts von sich selbst ablegen

„schu-schi-schu-schi“

- Schu: den Stift mit der rechten Hand nehmen
- Schi: den Stift rechts von sich selbst ablegen, Hand dort lassen
- Schu: den Stift wieder nehmen
- Schi: denselben Stift wieder nach links legen

Immer schneller werden.

VARIANTEN

Das geht auch in Gruppen an einem Gruppentisch.
Dieses Spiel eignet sich auch für phonetische Probleme, z. B.:

- „st-sp“
- „sch-z“
- „bö-bü“
- ...

JÄGER SUCHT BEUTE

9

Klassenstufe	5–10
Ziel	Schüler entspannen sich und bauen Energie auf
Arbeitsform	Plenum
Material/Vorbereitung	–
Zeit	5 Minuten
Einbindung in den Unterricht	Nach konzentrierten, langen Unterrichtsphasen

BESCHREIBUNG

Drei Personen fassen sich an den Händen und wählen eine davon als Jagdbeute aus. Eine weitere Person steht außerhalb des Kreises. Sie ist der Jäger.
Nun beginnt der Jäger seine Jagdbeute zu jagen (zu berühren). Alles ist erlaubt. Er kann um den Kreis herumlaufen, aber auch durch ihn hindurch. Die beiden anderen im Kreis versuchen zu verhindern, dass der Jäger die Beute erwischt, indem sie die mittlere Person durch ihre Körper schützen. Hat der Jäger doch seine Beute „erlegt", wird gewechselt.

HINWEIS

Das ist ein sehr lustiges Spiel, bei dem alle gut erwärmt werden. Man braucht allerdings etwas Platz dazu, weshalb es sich am besten als Ende einer Pause im Hof eignet.

ALTERNATIVE

Die Klasse bewegt sich im Raum. Wenn Sie „Hirschkuh mit Vorhut" rufen, gehen drei Personen zusammen. Zwei bilden die Vorhut, indem sie sich an den Händen anfassen und die Hirschkuh ist die Person in der Mitte. Wer keinen Partner für die „Vorhut" findet, ist als Nächstes dran mit dem Rufen. Man kann auch nur „Vorhut" oder nur „Hirschkuh" rufen und nur diese Personen wechseln dann.

10 GLEICHZEITIG UND ABWECHSELND

Klassenstufe	5–10
Ziel	Schüler entspannen sich und bauen Energie auf
Arbeitsform	Plenum
Material/Vorbereitung	–
Zeit	5 bzw. 2 Minuten
Einbindung in den Unterricht	Zur Konzentration

BESCHREIBUNG

Alle stehen und haben ihre Hände so, dass sie sofort losklatschen könnten. Sie erklären den Schülern, dass Sie gleich ohne weiteres Signal klatschen werden und dass die Schüler versuchen sollen, dies zur gleichen Zeit zu tun. Wählen Sie danach eine andere Person aus, die vorklatscht.
Diese Übung ist auch gut in der Kleingruppe durchführbar.

HINWEIS

Wenn Sie das Spiel beginnen, achten Sie darauf, dass Sie deutlich ihre Arme öffnen, damit die Schüler überhaupt eine Chance haben, es gleichzeitig zu schaffen.

VARIANTE

Alle Schüler stehen auf und haben ihre Hände vor sich geöffnet. Irgendjemand beginnt und klatscht die Hand der rechten oder linken Person neben sich an. Dann gibt die „angeklatschte“ Person das Klatschen in die gleiche Richtung weiter oder wieder zurück. Das Klatschen darf nicht zwei Mal hintereinander zurückgegeben werden. Langsam in den Rhythmus kommen und das Tempo steigern.

ALTERNATIVE

Alle stehen auf. Immer werden Monatsnamen so genannt, dass man sich abwechselnd dabei streckt oder dehnt: Also bei Januar die Arme in die Luft nehmen oder auf die Zehenspitzen gehen, bei Februar sich tief nach unten beugen oder die Handfläche rechts mit der linken Hand nach hinten beugen etc.
Die Schüler können sich in der ersten Runde jeweils selbst eine Bewegung ausdenken, die beste für den jeweiligen Monat wird im Gedächtnis behalten und dann in einer zweiten Runde wiederholt. Es sollten Bewegungen für den gesamten Körper dabei sein. Man verbindet also die Namen der Monate mit bestimmten Beuge- und Streckbewegungen.

HINWEIS

Dies ist auch mit anderen Wortschatzgruppen möglich, wo Reihenfolgen einzuhalten sind: morgens, mittags, nachmittags, abends, nachts / Frühling, Sommer, Herbst, Winter / etc.

SHAKEDOWN

11

Klassenstufe	5–10
Ziel	Schüler entspannen sich und bauen Energie auf
Arbeitsform	Plenum
Material/Vorbereitung	Alternative: Murmeln
Zeit	5 Minuten
Einbindung in den Unterricht	Immer wenn die Luft raus ist

BESCHREIBUNG

Es gibt eine Bewegungsfolge, bei der folgende Körperteile nacheinander ausgeschüttelt werden: rechter Arm, linker Arm, rechtes Bein, linkes Bein und zum Schluss wird getwistet. Diese Bewegungsfolge funktioniert mit gleichzeitigem Runterzählen: also den rechten Arm schütteln und bei jedem Schütteln zählen: 4, 3, 2, 1. Dann ist der linke Arm dran: 4, 3, 2, 1 etc. In der zweiten Runde zählt man nur bis zwei, in der letzten bis 1. Alle Schüler zählen dabei laut mit.

ALTERNATIVE

Alle Schüler stehen eng aneinander im Kreis und haben ihre Hände nach vorn geöffnet. Jeder hat in der rechten Hand eine Murmel. Diese Hand wird geschlossen und so gedreht, dass der Handrücken nach oben zeigt. Die linke Hand ist geöffnet und der Handrücken zeigt nach unten.
Auf Ihr Kommando legen alle ihre Murmel in die offene Hand der Person rechts von ihnen. Die Hand mit der Murmel wird geschlossen und gedreht (Handrücken oben), die andere Hand wird geöffnet und gedreht (Handrücken unten) und beide Hände werden gekreuzt. Dann wird die Murmel wieder nach rechts weiter gegeben etc.

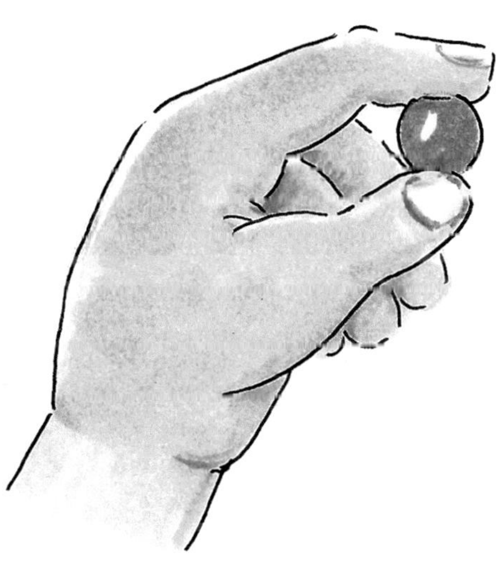

12 HANNES

Klassenstufe	5–10
Ziel	Schüler entspannen sich und bauen Energie auf
Arbeitsform	Plenum
Material/Vorbereitung	–
Zeit	5 Minuten
Einbindung in den Unterricht	Immer wenn die Luft raus ist

BESCHREIBUNG

Alle stehen auf. Sie sprechen den Text (siehe unten) und machen jeweils die passende Bewegung dazu, die Sie bis zum Schluss fortführen (so dass Sie am Ende viele Bewegungen auf einmal machen). Für jede Bewegung beginnen Sie von vorne mit dem Text. Beim zweiten Mal können die Schüler mitmachen.

Hallo, ich bin der Hannes und ich arbeite in einer Knopffabrik.
Eines Tages kommt mein Chef und fragt: Hannes, hast du Zeit für mich?
Ich sage: Joh. Dann dreh den Knopf mit deiner rechten Hand *(Bewegung machen)*.

Hallo, ich bin der Hannes und ich arbeite in einer Knopffabrik ...
... Dann dreh den Knopf ...

2. mit deinem linken Knie

3. mit deiner linken Hand

4. mit deinem rechten Knie

5. mit deinem Kopf

6. mit deiner Zunge (sehr albern)

Zum Schluss auf die Frage: Hast du Zeit für mich? antworten mit: *„Nooo."*

ALTERNATIVEN

Der Text kann verändert werden. Die Knopffabrik kann durch andere berufliche Stätten ersetzt werden, z. B. Schuhfabrik, Möbelhaus, Autohaus, Krankenhaus, Polizeistation, Altenheim etc.

HINWEIS

Der Hannes wird auch im Internet viel in Videos gezeigt, so dass man ihn sich dort anschauen kann.

ENERGIEPEGEL

13

Klassenstufe	5–7
Ziel	Schüler geben Feedback bzw. entspannen sich, lernen Wortschatz
Arbeitsform	Plenum bzw. Partnerarbeit
Material/Vorbereitung	–
Zeit	10 Minuten
Einbindung in den Unterricht	Nach langen Sitzphasen

BESCHREIBUNG

Die Schüler stehen auf und alle zeigen mit ihrer Hand ihren persönlichen Energiepegel. Geht man in die Hocke, hat man keine Energie, mit gestreckten Armen über den Kopf zeigt man einen starken Energieschub. Dazwischen gibt es viele Varianten (über/auf Kopfhöhe, an der Stirn, am Kinn, auf Brusthöhe, in Gürtelhöhe etc.). Ist die Luft bei vielen raus, starten Sie am besten sofort eine Energieaufbauübung.

ALTERNATIVE

Die Schüler gehen zu zweit zusammen. Eine Person sitzt, eine steht. Der Rücken wird massiert mit folgenden Anweisungen:

- Laub harken *(Handflächen über den Rücken streichen)*
- Die Erde lockern *(Fingerspitzen kreisförmig bewegen)*
- Den Samen einstreuen *(alle zehn Fingerspitzen den Rücken entlang tippeln)*
- Erde festdrücken *(mit den Handflächen drücken)*
- Gießen *(von oben nach unten ausstreichen)*
- Sonnenenergie (Hände fest aneinanderreiben und auflegen)

Dann lösen, bedanken und wechseln.

VARIANTEN ZUR ALTERNATIVE

- Dieses Spiel geht auch als Pizzabacken:
  1. den Teig kneten,
  2. den Teig ausrollen, nach Belieben belegen: Öl (streichen), Oliven (Fingerspitzen), Schinken (Handflächen) etc.
- Auch schön ist es, wenn alle in einer Reihe hintereinanderstehen und sich gleichzeitig massieren. Dazu müssen Sie als LK dann die jeweiligen Ansagen machen.

III MERKSPIELE

14 ZICKZACK

Klassenstufe	5–10
Ziel	Schüler trainieren Wortschatz, Grammatikformen
Arbeitsform	Plenum
Material/Vorbereitung	Kärtchen, Kreppband
Zeit	15 Minuten
Einbindung in den Unterricht	Festigungs- oder Wiederholungsphase

BESCHREIBUNG

Sie schreiben entsprechend der Schüleranzahl in großer, gut leserlicher Schrift Wörter, Redewendungen oder eine grammatische Struktur (z. B. ein Verb mit Präposition, aber ohne die Präposition) auf Kärtchen, die Sie festigen möchten oder lassen es die Schüler selbst schreiben.
Jeder Schüler erhält ein Kärtchen und hängt es sich mit Kreppband vor die Brust. Alle gehen durch den Raum. Sie schauen sich die Zettel der anderen an und versuchen, eine Verbindung zwischen dem Geschriebenen und der Person, die es trägt, zu finden.
Wenn nach einer Weile die Wort-Personen-Paare abgespeichert wurden, kommen alle in einem Kreis zusammen und die Kärtchen werden abgenommen / oder (leichter) erst mal nach oben umgeklappt.
Es gibt folgende Kommandos:
Zick = schnell das Geschriebene der rechten Person nennen
Zack = schnell das Geschriebene der linken Person nennen
Zickzack = alle wechseln den Platz
Dann stellen Sie sich in die Mitte des Kreises, fordern die Schüler auf, sich noch einmal an die Wort-Personen-Paare links und rechts zu erinnern, zeigen dann auf irgendeinen Schüler und sagen z. B. „zick". Dann muss die Person schnell das Geschriebene ihres rechten Nachbarn nennen.

HINWEISE ZU DEN KOPIERVORLAGEN

Alle erhalten eine Karte. Wenn Sie ein Wort sagen, sollen sie zunächst dazu die passende Regel nennen, z. B. „Junge – alle männlichen Nomen auf –e".
Geben Sie zwei Verben vor: „zick" = „sehen", „zack" = sprechen mit" und die Schüler müssen in ganzen Sätzen reagieren: z. B. „Zick": *Ich sehe einen Polizisten.* / „Zack": *Ich spreche mit einem Polizisten.*

Zunächst spielen Sie die normale Variante, die Schüler sollen dabei immer auch den richtigen Artikel nennen. Dann geben Sie zwei Formen vor: „zick" = „Wo?", „zack" = Wohin?" und die Schüler müssen in ganzen Sätzen reagieren: z. B. „Zick": *Ich fahre in die Stadt.* / „Zack": *Ich bin in der Stadt.*

KOPIERVORLAGE 1

VERBEN-ZICKZACK

warten	ankommen
achten	sich ärgern
anfangen	sich sehnen
denken	träumen
sich aufregen	riechen
aufpassen	sich vorbereiten
sich gewöhnen	sich interessieren
bitten	sich fürchten
sich kümmern	nachdenken
sich erinnern	gehen
sich verlassen	passen

KOPIERVORLAGE 2

N-DEKLINATION

Polizist	Elefant	Name
Biologe	Herz	Automat
Journalist	Nachbar	Herr
Architekt	Hase	Bauer
Dirigent	Diamant	Kunde
Idiot	Bär	Tourist
Student	Mensch	Experte
Pilot	Türke	Gedanke
Buchstabe	Ungar	Franzose
Junge	Neffe	Held

KOPIERVORLAGE 3

WO ODER WOHIN?

Stadt	Zentrum
Schule	Amt
Sport	Haus
München	Kaufhalle
Nachhilfe	Oma
Post	Theater
Park	Praktikum
Arzt	Kino
Freund	Schwimmbad
Bahnhof	Disko

15 KONZENTRATION MIT DREI BÄLLEN

Klassenstufe	5–10
Ziel	Schüler lernen die Namen der anderen oder trainieren Wortschatz oder grammatische Strukturen
Arbeitsform	Plenum
Material/Vorbereitung	Drei verschiedengroße Bälle, Kärtchen, Kreppband
Zeit	15 Minuten
Einbindung in den Unterricht	Als Kennenlernaktivität oder Festigungs- oder Wiederholungsphase

BESCHREIBUNG

Alle stehen im Kreis oder hinter ihren Tischen. Wenn Sie den ersten Ball zeigen, betonen Sie die Farbe bzw. Form, um die Aufmerksamkeit darauf zu fokussieren. Des Weiteren machen Sie den Ballverlauf mit den ersten drei Personen erst einmal vor und betonen, dass man sich die Reihenfolge merken muss. Dies ist ein wichtiger Hinweis, sonst geht das Spiel besonders in großen Klassen schief.
Sie zeigen den Schülern den ersten Ball und erklären die Regel: Sie werfen den Ball zu A und nennen den Namen von A. A wirft ihn zu B und er sagt den Namen von B. A merkt sich, dass er ihn zu B geworfen hat, und B merkt sich, dass er den Ball von A bekommen hat, etc. – jede Person bekommt den Ball also nur einmal. Damit das deutlicher wird, dreht sich jeder, der bereits einen Ball hatte, in der **ersten** Runde seitlich. Nach ein paar Runden sollte das Spiel schneller werden.
Dann zeigen Sie einen neuen, andersfarbigen Ball und machen deutlich, dass mit diesem Ball eine neue Runde beginnt. Sie werfen den Ball also nicht mehr zu A, sondern vielleicht zu D, etc. Auch hier wieder in der ersten Runde sich seitlich stellen und dann ein paar Mal durchgehen.
Dann den ersten Ball wieder hineingeben, so dass beide Bälle gleichzeitig im Spiel sind.
Wenn es sehr gut klappt, können Sie sogar noch einen dritten Ball hinzunehmen, der als Fußball im Uhrzeigersinn weitergerollt werden muss. Dann ist es wichtig, zu betonen, dass ein Ball erst dann geworfen werden soll, wenn Augenkontakt besteht.

VARIANTE

Es ist möglich, mit diesem Spiel auch Wortschatz oder Grammatik zu üben. Jeder Schüler steht für ein Wort einer Kategorie (z. B. Nomen mit Artikel für Obst und Gemüse, Verben der Bewegung etc.) und schreibt es auf ein Kärtchen. Es kann auch Dopplungen geben. Dann nennt man anstatt des Namens das Geschriebene auf dem Kärtchen.

HINWEISE ZU DEN KOPIERVORLAGEN

Die wichtigen Redemittel der neuen Stunde sollen von den Schülern als Fragen aufgeschrieben werden. Jeder schreibt von den gelernten Fragen eine Frage auf, die ihm wichtig erscheint. Es ist nicht schlimm, wenn es zu Dopplungen kommt. Die Antwort darauf sollte die Frage wieder mit aufnehmen, z. B. auf die Frage: Kannst du mir seine Handynummer geben? sollte die Antwort kommen: *Klar kann ich dir seine Handynummer geben. / Nein, ich kann dir seine Handynummer nicht geben.*
Anbei finden Sie eine mögliche Auswahl in zwei Themenbereichen: „Telefonieren“ und „Etwas sagen“. Beim „Etwas sagen“ kann man natürlich die einzelnen Pronomen ändern, nur sollte man keine Mischung pro Runde anbieten, weil es sonst zu schwierig wird.

KOPIERVORLAGE

TELEFONIEREN

Hast du mich gerade angerufen?	Kann ich Sie zurückrufen?
Hast du es schon auf dem Handy probiert?	Mit wem telefonierst du?
Sind Sie noch dran?	Kannst du mir bitte seine Handynummer geben?
Hast du auf den AB gesprochen?	Telefonierst du noch lange?
Ist sein Handy ausgeschaltet?	Spreche ich mit Herrn Meier?
Kannst du bitte später noch mal anrufen?	Ist dein Akku schon wieder leer?
Könnten Sie mich bitte mit Herrn Meier verbinden?	Kann man hier irgendwo in Ruhe telefonieren?
Kann ich hier irgendwo mein Handy aufladen?	Wann ist denn Herr Meier wieder zu erreichen?
Ist es erlaubt, hier zu telefonieren?	Bist du per Handy erreichbar?
Kann ich eine Nachricht hinterlassen?	Wolltest du mich nicht anrufen?

KOPIERVORLAGE

ETWAS SAGEN

Hast du es ihr schon gesagt?	Warum hast du es ihr gesagt?
Kannst du mir sagen, wie spät es ist?	Wann wirst du es ihr endlich sagen?
Hätte ich es ihr nicht sagen sollen?	Darf ich „du" zu dir sagen?
Sagst du es ihr oder nicht?	Musst du es ihr unbedingt sagen?
Wie kann man noch dazu sagen?	Wie wurde es ihr gesagt?
Kannst du es ihr bitte nicht sagen?	Was hat sie gesagt?

ICH, DU UND ER

16

Klassenstufe	5–10
Ziel	Schüler trainieren Wortschatz oder Grammatik
Arbeitsform	Partnerarbeit
Material/Vorbereitung	–
Zeit	10 Minuten
Einbindung in den Unterricht	Wiederholungs- oder Festigungsphase

BESCHREIBUNG

Sie fordern einen Freiwilligen auf, nach vorn zu kommen, um beispielhaft mit ihm das Spiel zu erklären.

Sie überlegen sich ein grammatisches Thema, das Sie mit der Übung verbinden wollen, z. B. die Konjugation von „schlafen". Die Schüler stehen sich paarweise gegenüber und sagen im Wechsel „ich", „du", „er" (also A „Ich", B „Du" und A „Er" B „Ich" usw.).

Dabei werden sie schneller. Dann wird „ich" durch „ich schlafe" ersetzt, alles andere bleibt gleich. Wieder nach einer Weile passiert das Gleiche mit „du" etc. Nach einer Weile geben Sie ein anderes Verb vor.

Statt „ich schlafe" etc. werden dann die drei Formen jeweils nacheinander durch eine Bewegung ersetzt. Dabei muss man sich sehr konzentrieren, weil man immer sprechen will, aber nicht darf. Zusätzlich zu der Konjugation kann ein ganzer Satz genommen werden, z. B. „Ich schlafe im Bett" etc.

Nach einer Weile geht man wieder zurück: Das heißt, wenn alle Verben durch Bewegungen ersetzt worden sind, nimmt man Schritt für Schritt wieder die Bewegung raus und ersetzt durch den Satz, bis wieder drei Sätze gesprochen werden.

VARIANTEN

- Das Spiel lässt sich auf viele grammatische Phänomene übertragen: Präpositionen, Pronomen, W-Fragen etc. Auch Wortschatz lässt sich damit wunderbar trainieren.
- Es funktioniert auch mit mehr als zwei Personen. Wichtig ist nur, dass man immer eine Zahl mehr hinzunimmt, als es Personen in der Gruppe gibt.

17 HERBSTBLÄTTER

Klassenstufe	5–10
Ziel	Schüler trainieren Wortschatz, Grammatik, Akkusativ
Arbeitsform	Plenum
Material/Vorbereitung	DIN-A4-Blätter, Kärtchen (siehe unten)
Zeit	15–20 Minuten
Einbindung in den Unterricht	Wiederholungs- oder Festigungsphase

MATERIALBESCHREIBUNG

Es gibt zwei Kartensätze, die jeweils wie beim Paare-Finden zusammengehören. Beispiele:

Wortschatz

- Wort-Bild-Karten / Wort-Wort-Karten
- Artikel-Wortkarten
- Gegensatzwortkarten (schwarz/weiß, öffnen/schließen, ...)
- Kollokations-Wortkarten (auf der einen steht ein Nomen, auf der anderen ein dazugehöriges Verb – ein Referat / halten, auf dem Teppich / bleiben, ...)
- Assoziations-Wortkarten (Kerze-Streichhölzer, Getreide-Brot, ...)
- Redewendungen-Wortkarten (nur Bahnhof / verstehen)

etc.

Grammatik

- Verben- Wortkarten (ich gehe / ich ging, ich gehe / ich bin gegangen, ...)
- Wo- oder Wohin?- Bild- oder Wortkarten (auf + Dativ / auf + Akkusativ, ...)
- Verben mit Präpositionen- Wortkarten (warten / auf, ...)
- Plural-Bild- oder Wortkarten (der Apfel / die Äpfel, ...)
- Begleiter Wortkarten (nichts / etwas, niemand / jemand, ...)

etc.

BESCHREIBUNG

Sie teilen einen Kartensatz aus. Den anderen legen Sie auf den Boden und darüber DIN-A4-Blätter. Unter vier von den Blättern liegen keine Karten. Die TN stellen sich auf die Blätter. Die gemeinsame Aufgabe an alle lautet, dass jeder seine Karte findet. Dazu gibt es ein paar Regeln, die Sie am besten an die Tafel schreiben:

- Auf jedem Blatt darf nur ein Schüler stehen.
- Man darf nur unter ein Blatt schauen, auf dem niemand steht.
- Es dürfen sich nicht mehrere Schüler gleichzeitig bewegen.
- Man darf nicht diagonal gehen.
- Die Karten unter den Blättern bleiben jederzeit liegen.

Sie geben Hilfestellung, indem Sie einzelne fragen *„Was brauchst du?"* und der Schüler soll antworten *„Ich brauche ..."*

ALTERNATIVEN

Nach dem Spiel lassen sich weitere Übungen anfügen.

1. Wo oder Wohin?
Sie zeigen den Schülern irgendeine der Bildkarten und sie müssen den passenden Satz (siehe Kopiervorlage 1) dazu aufschreiben, wie in einem Diktat. (Das heißt, dass sie sich die Reihenfolge merken müssen).
Sie können auch die Bildkarten austeilen, so dass jeder Schüler ein oder zwei Karten erhält. Jeder soll nun passende Fragen dazu aufschreiben. Sie kontrollieren. Danach gehen alle durch den Raum. Auf ein Kommando hin suchen sich alle einen Partner und zeigen ihr(e) Bildkärtchen und stellen ihre Frage(n). Der Partner antwortet und stellt danach seine Frage(n). Dann werden die Bildkärtchen getauscht, alle laufen wieder durch den Raum bis zum nächsten Signal.

2. Verben erraten
Die Bildkarten stapeln, zwei Reihen bilden. Die vorderen zwei Personen treten gegeneinander an. Sie als Kursleiter ziehen eine Bildkarte, zeigen sie den beiden und diese müssen deren Inhalt den anderen pantomimisch vormachen, bis einer der beiden Teams die Aussage errät. Für jede erratene Karte gibt es einen Punkt. Dann sind die zweiten in der Reihe dran etc.

3. Assoziationen
Es werden wieder zwei Teams gebildet und Sie zeigen jeweils eine Bildkarte. Die Schüler, die die passende Karte kennen, klopfen. Wer zuerst klopft, darf beginnen, muss aber einen ganzen, grammatikalisch richtigen, Satz sagen. Zum Beispiel zeigen Sie „Hund" und ein Schüler klopft und sagt: *„Der Hund hat an der Leine."* Dann hat automatisch das andere Team die Chance, den Satz richtig zu sagen und den Punkt zu bekommen: *„Der Hund ist an der Leine."*

KOPIERVORLAGE 1

WO ODER WOHIN?

Claudia Böschel – **DaZ-Bewegungsspiele** Effektives Sprachenlernen für Schüler und Erwachsene alle Niveaustufen (A1–C2) – Illustratorin: Kristina Klotz

KOPIERVORLAGE 2

VERBEN ERRATEN

Claudia Böschel – **DaZ-Bewegungsspiele** Effektives Sprachenlernen für Schüler und Erwachsene alle Niveaustufen (A1–C2) – Illustratorin: Kristina Klotz

KOPIERVORLAGE 3

ASSOZIATIONEN

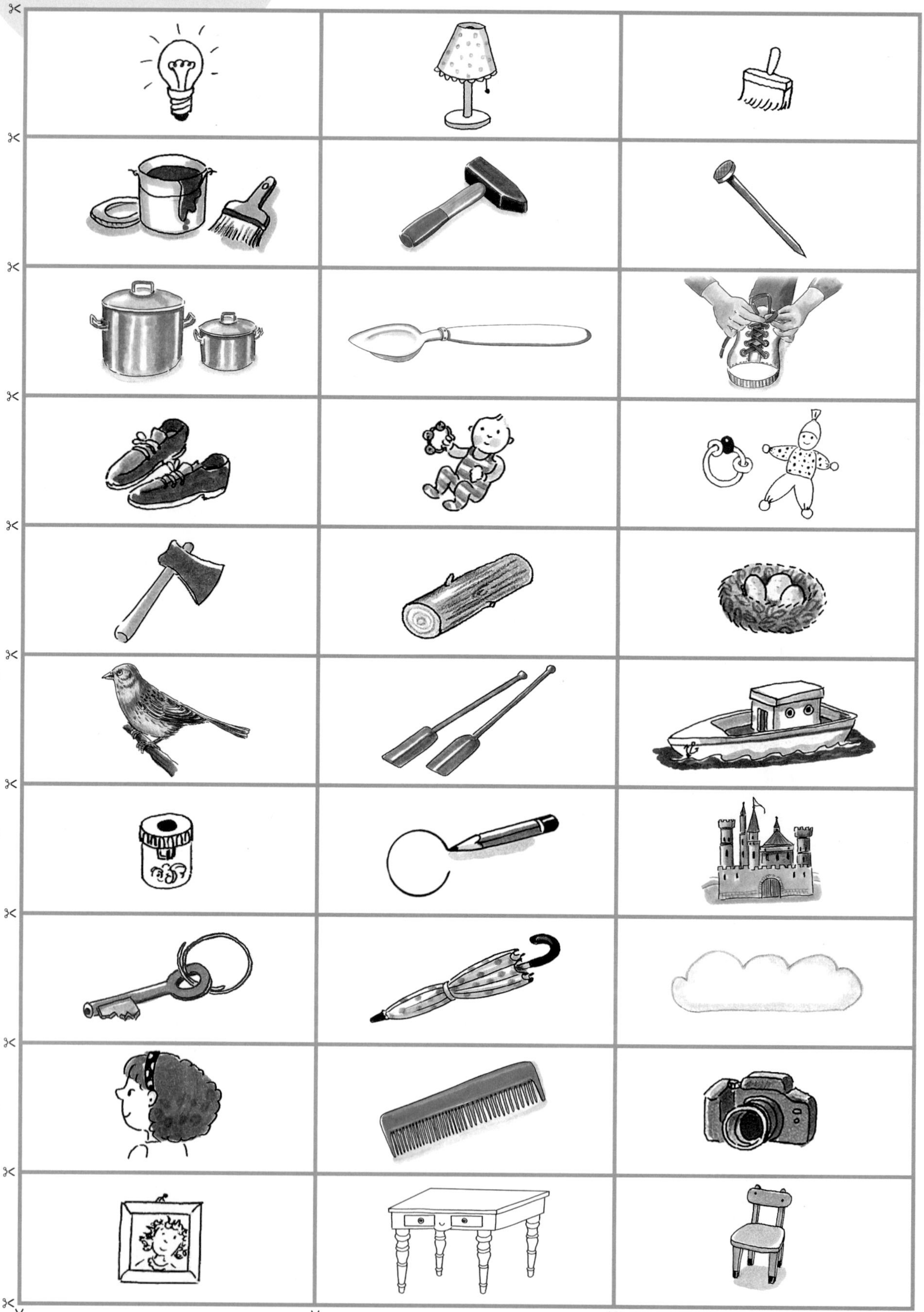

KREUZSPRÜNGE

Klassenstufe	5–10
Ziel	Schüler trainieren die Satzstellung, Wortschatz
Arbeitsform	Einzelarbeit
Material/Vorbereitung	Kreppband
Zeit	10–15 Minuten
Einbindung in den Unterricht	Festigungs- oder Wiederholungsphase

BESCHREIBUNG

Die Schüler machen sich mit Kreppband auf dem Boden ein Kreuz vor ihrem Stuhl und setzen sich davor. Die Füße sind beide im unteren linken Quadrat (1). Dann geht nach einander der linke ins linke obere (2) und der rechte ins rechte obere Quadrat (2). Dann beide Beine in das rechte untere Quadrat (3). Dann alles seitenverkehrt (5–7) und immer schneller werden. Es können auch noch die Arme mit dazu genommen werden: 1 = beide Arme über Kreuz vor der Brust, 2 = linke Hand an rechte Schulter, 3 = rechte Hand an linke Schulter 4 und 5 = wie 1, dann seitenverkehrt

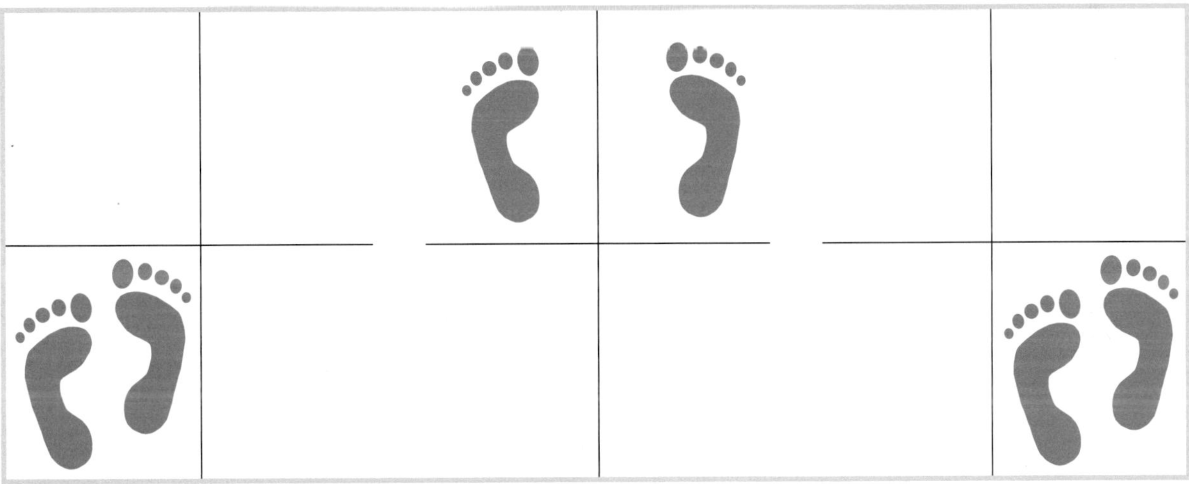

Dann schreiben Sie folgende Struktur an die Tafel:
1 = Wer?
2 = Prädikat
3 = Wann allgemein?
4 = Wann genauer?
5 = Mit wem?
6 = Wo?
7 = Was?

Die TN sagen nun pro Kästchen eine passende Form.

BEISPIEL

Ich	kaufe	morgen	früh	mit meiner Mutter	im Supermarkt	Brot.
1	2	3	4	5	6	7

VARIANTEN

1. Die Schüler arbeiten zu dritt. Zwei beginnen einen Dialog, stellen sich also Fragen und Antworten. Das kann ein vorgegebener Dialog oder ein freier sein. Bedingung: Die Kreuzsprünge werden gleichzeitig gemacht und es darf nicht gestockt werden. Die dritte Person passt auf, dass nicht geschummelt wird, und vergibt Punkte für jedes Mal Stocken und für jede falsche Bewegung. Dann wird getauscht – jeder gegen jeden. Wer die wenigsten Punkte hat, hat am Ende gewonnen.
2. Die Schüler arbeiten zu zweit. Sie wiederholen unter Zeitvorgabe so viel Wortschatz wie möglich zu einem bestimmten Thema und schreiben diesen auf eine Liste. Die wird dann auswendig gelernt. Dann versucht einer der beiden sich mit den Kreuzsprüngen an die Wörter zu erinnern. Der andere hakt ab. Dann wird gewechselt.
3. Sie können auch eine sehr starke Konzentrationsübung daraus machen: Dann sagen die Schüler während des Springens entweder das Alphabet rückwärts auf oder folgendermaßen: A1, B2, C3 etc. Kontrollieren Sie zwischendrin, wo jeder steckt. Anbei die Lösungstabelle dazu.

A1	B2	C3	D4	E5	F6
G7	H8	I9	J10	K11	L12
M13	N14	O15	P16	Q17	R18
S19	T20	U21	V22	W23	X24
Y25	Z26				

4. Die Schüler arbeiten zu zweit und machen ihre Kreuzsprünge gemeinsam rhythmisch. Einer der beiden beginnt und nennt ein Wort auf (1). Der andere hat nur kurz Zeit (2) und nennt (auf 3) eine Assoziation dazu. Dann geht es so weiter: immer eine Zahl Pause zum Denken, dann ein passendes oder neues Wort. Sie können dazu auch Themen vorgeben.

   Beispiel:
   (1) schwarz (2) Pause (3) weiß (4) Pause (5) Wäsche (6) Pause (7) waschen (1) Pause (2) heute (3) Pause (4) Abend (5) Pause (6) Brot (7) essen ...

HINWEIS

Diese Übung ist von der Koordination her sehr anspruchsvoll, aber dadurch besonders effektiv. Kommt es aber zu sehr zu Sprechschwierigkeiten, muss dementsprechend abgewandelt werden. Sinnvoll ist es, diese Übung zunächst als allgemeine Konzentrationsaufgabe zu nutzen, bis sie eingeschliffen ist, und erst dann die sprachliche Komponente hinzuzunehmen.

MIT DER SPRACHE JONGLIEREN

19

Klassenstufe	5–10
Ziel	Schüler memorieren Wortschatz oder Grammatik, gut für die Konzentration
Arbeitsform	Plenum
Material/Vorbereitung	Zwei Bälle, Stifte oder Tücher pro Person
Zeit	10–15 Minuten
Einbindung in den Unterricht	Festigungs- oder Wiederholungsphase

BESCHREIBUNG

Alle Schüler erhalten zwei Bälle, Stifte oder Tücher und stehen vor ihren Plätzen. Sie geben verschiedene Anweisungen, wie die Gegenstände hochgeworfen bzw. wieder zu fangen sind.
Mögliche Anweisungen:

1. links und rechts gleichzeitig hochwerfen und auf einer Höhe bleiben
2. gerade hochwerfen, gekreuzt fangen
3. gekreuzt hochwerfen, gerade fangen
4. nacheinander schräg hochwerfen und auf der jeweils anderen Seite fangen
5. beide Gegenstände in einer Hand und nacheinander werfen und in der anderen Hand wieder auffangen

Während die Schüler damit beschäftigt sind, Ihre Anweisungen auszuführen, fordern Sie sie auf, bestimmte Dinge nachzusprechen. Dies können neue Vokabeln, grammatische Regeln oder phonetische Laute sein.

VARIANTEN

- Sie können auch mehrere Dinge nennen, z. B. eine bestimmte Artikelgruppe, alle neuen Wörter zum Thema Möbel etc. und die Schüler sollen versuchen, sich während des Jonglierens daran zu erinnern und dies auch in der richtigen Reihenfolge.
- Es funktioniert auch gut in Partnerarbeit: Eine Person nimmt sich die Unterlagen vor und nennt bestimmte Wörter/Redemittel oder Grammatikstrukturen und der Jonglierende erinnert sich und zählt sie erneut auf. Dann wird gewechselt.

HINWEIS

Es ist leichter, wenn Sie vormachen, was die TN mit den Gegenständen machen sollen. Erklärungen sind zu kompliziert in der Fremdsprache. Diese Methode ist extrem effektiv, weil sie gleichzeitig mehrere Reize setzt und die TN quasi ein gesamtes Knäuel an Synapsenverbindungen schaffen, die dazu führen, dass das Gelernte später besser abgerufen werden kann.

20 ERINNERUNGSORTE IM RAUM

Klassenstufe	5–10
Ziel	Schüler memorieren Wortschatz, Grammatik, Texte etc.
Arbeitsform	Plenum
Material/Vorbereitung	Papier, Kreppband
Zeit	5–20 Minuten
Einbindung in den Unterricht	In der Präsentationsphase einführen, in der Wiederholungsphase üben

BESCHREIBUNG

Wenn Sie neuen Wortschatz einführen, können Sie in Kategorien arbeiten. Jede Kategorie steht für einen Ort im Raum, z. B. die Tür, das Fenster, die Tafel etc. Sie schreiben die für Sie wichtigen Wörter, Textteile oder Stichpunkte jeweils auf ein Blatt. Wenn Sie nun ein Wort oder eine Wortgruppe zu einer bestimmten Kategorie haben, kleben Sie es an Ihren Erinnerungsort. Vor dem Beenden der Stunde fordern Sie die Schüler auf, durch den Raum zu gehen und sich die einzelnen Wörter innerhalb der Kategorien zu merken. Dann nehmen Sie die Zettel ab (aber aufheben!) und fragen erneut nach den Wörtern. In der nächsten Stunde zeigen Sie auf die Orte im Raum und lassen die Schüler die Wörter erneut aufzählen. Die, die fehlen, hängen Sie wieder dorthin.

VARIANTEN

- Bitten Sie nach einer Weile die Schüler ihre „Erinnerungsroute“ abzulaufen und so viele Wörter wie möglich aufzuschreiben, daraus ggf. eine Geschichte zu schreiben oder Ähnliches. Ermuntern Sie sie, sich immer wieder gedanklich in den Unterrichtsraum zu begeben, um sich an den Wortschatz zu erinnern.
- Wenn es sich um ein komplexeres Thema oder einen Text handelt, können Sie die Zettel so im Raum aufhängen, dass man sie im Uhrzeigersinn ablaufen kann und sich dann automatisch an alles erinnert. Sie haben z. B. das Thema „Wohnen“. Im Buch ist der erste Teil eines Dialogs von einer Familie, die umziehen möchte. Alles dazu – Wortschatz, Stichpunkte, Redemittel – hängen Sie an die Tür. Dann behandeln Sie Wechselpräpositionen – wohin soll etwas während des Umzugs hingestellt oder -gelegt werden? Dies hängen Sie irgendwo in die Nähe der Tür – am besten im Uhrzeigersinn. So führen Sie es fort, bis Sie den gesamten Raum ausgefüllt haben. Die Schüler können ihn nun real oder in ihrer Phantasie ablaufen und sich Schritt für Schritt an alles aus der Lektion erinnern.

HINWEIS

Sie können natürlich den gleichen Raum immer wieder neu als Erinnerungsort nutzen. Dann sollte aber als zusätzlicher Anker irgendein Symbol für die jeweilige „Runde“ eingeführt werden, z. B. beim Thema „Wohnen“ ein Bild von einem Sofa, das an den Anfang der „Runde“ gehangen wird.

IV GRAMMATIK- UND WORTSCHATZSPIELE

MEINE TANTE KAM ZURÜCK 21

Klassenstufe	5–7
Ziel	Schüler trainieren Wortschatz, Plural und Landeskunde, bauen Energie auf
Arbeitsform	Plenum
Material/Vorbereitung	—
Zeit	20 Minuten
Einbindung in den Unterricht	Festigungs- oder Wiederholungsphase

BESCHREIBUNG

Sie zeigen zunächst die Grundform als Energieaufbauübung. Alle stehen, Sie sprechen vor, die anderen nach jeder Zeile nach. Gleichzeitig wird immer eine Bewegung dazu eingeführt, die weitergeführt wird, auch wenn eine neue Zeile und eine neue Bewegung hinzukommen.

„Meine Tante kam zurück" „Meine Tante kam zurück"

„und sie brachte mir mit" „und sie brachte mir mit"

„aus der Lenzerheide
eine Fächerweide" „aus der Lenzerheide
eine Fächerweide"
(Bewegung mit der rechten Hand vor dem Gesicht nach links und nach rechts)

„aus der Kur in Bad Scholz
einen Löffel aus Holz" „aus der Kur in Bad Scholz
einen Löffel aus Holz"
(Bewegung mit der linken Hand vor dem Gesicht nach rechts und links)

„aus Timbuktu
einen hölzernen Schuh" „aus Timbuktu
einen hölzernen Schuh"
(stampfen)

„aus Liverpool
einen Schaukelstuhl" „aus Liverpool
einen Schaukelstuhl"
(Oberkörper nach vorn und nach hinten wippen)

„aus Katmandu
einen Affen so wie DU." „aus Katmandu
einen Affen so wie DU."
(auf irgendjemanden zeigen)

VARIANTEN

- Dieses Spiel eignet sich sehr gut, um mit den Schülern die Pluralformen zu üben oder ihnen die deutschen Städte näherzubringen. Dazu wird der Text in Gruppenarbeit einfach umformuliert und die Schüler überlegen sich dazu neue Bewegungen (die aber auch aufeinander aufbauen können).
- Um das Reimen zu erleichtern, kann eine Wortliste ausgegeben werden. Die Schüler suchen die Städte auf einer Deutschlandkarte, überlegen zu den ausgewählten Wörtern die Pluralformen, üben in der Gruppe ihren Text und stellen ihn dann der Klasse vor. Zum Schluss kann es noch einmal eine Zusammenfassung der ausgewählten Städte und Pluralformen geben.
- Auch die Adjektivdeklination lässt sich damit gut üben. *„Sie brachte mir mit – aus dem schönen Essen – eine Kiste voller Zypressen."*
- Die Schüler können auch ganz freie Assoziationen schaffen, auch mit den Namen der Städte in ihren Heimatländern.

WORTLISTE

Kassel:
Angel, Bügel, Kabel, Kugel, Möbel, Tafel, Brezel, Gürtel, Löffel, Semmel, Kartoffel, Würfel, Muschel, Stiefel, Zwiebel, Deckel, Vogel, Schnitzel

Münster:
Elster, Poster, Fenster, Hamster, Monster, Toaster, Pflaster, Orchester, Schwester, Silvester, finster, düster

Halle:
Wolle, Sonnenbrille, Rolle, Stille, Quelle, Tabelle, Zelle, Lehrstelle, Mikrowelle

Lübeck:
Fleck, Speck, Zweck, Dreieck, Schreck, Versteck

Rostock:
Rock, Block, Stock, Holzbock, Schock

Kiel:
viel, Stiel, Spiel, Ziel

Hannover:
Cover, Backpulver, Pullover, Receiver

Dortmund:
Bund, Mund, Hund, rund, gesund, Pfund

Essen:
Flossen, Hessen, Fressen, messen, Massen, Kassen, Zypressen, Klassen, Tassen, Adressen

Bonn:
Lexikon, Beton, Balkon, Bonbon, Karton, Coupon, Salon, Tampon, Waggon, Badminton

Stuttgart:
Bart, Mozart, zart, hart, Start, Flipchart, Gegenwart, Waffenart

München:
Hündchen, Kaninchen, Eichhörnchen, zeichnen, Bronchen, Hähnchen, Strähnchen, Kännchen

Ulm:
Alm, Halm, Qualm, Schelm, Film, Helm

Güstrow:
Avocado, Kino, Auto, Konto, Bistro, Bio, Bistro, Cello, Klo, Zoo, Euro, Disko, Radio, Shampoo

4 × 5

22

Klassenstufe	5–10
Ziel	Schüler trainieren Wortschatz und Grammatik, Konzentrationsfähigkeit allgemein
Arbeitsform	Plenum
Material/Vorbereitung	—
Zeit	15 Minuten
Einbindung in den Unterricht	Festigungs- oder Wiederholungsphase

MATERIALBESCHREIBUNG

Diese Methode ist sehr intensiv und effektiv, anfänglich jedoch oft nicht sehr beliebt, weil sehr anstrengend. Man kann damit gut seinen Gedächtnisstand überprüfen, wenn Sie diese Aufgabe mehrmals durchführen. Dadurch können Sie die Konzentrationsfähigkeit deutlich steigern und die Schüler haben ein direktes Erfolgserlebnis, weil sie wissen: Heute haben wir schon vier Wortfelder geschafft, letzte Woche waren es nur drei.
Sie müssen sich vorher aufschreiben, wofür die einzelnen Zahlen stehen, sonst kommen Sie selbst durcheinander.

BESCHREIBUNG

Alle Schüler bewegen sich im Raum. Sie zeigen vier verschiedene Bewegungen, z. B.
1: vorwärtslaufen,
2: rückwärtslaufen,
3: seitwärts laufen,
4: drehen.

Sie nennen immer wieder die Zahlen von 1–4 und die Schüler machen die passende Bewegung. Nach einer Weile nennen Sie z. B. Namen. 1 ist nun auch Jonas, 2 Sarah etc. Die Schüler führen nach jedem Kommando die richtige Bewegung aus und Sie nennen sowohl Zahlen als auch Namen durcheinander. Dann kommt eine dritte Runde dazu, je nachdem, was Sie gerade im Unterricht behandeln, z. B. Verben mit Geld: ausgeben, überweisen, sparen, anlegen. Geben Sie so viele verschiedene Wortfelder vor, bis Sie merken, dass die Konzentration stark nachlässt.
Die Runden können zunächst aufeinander aufbauen. Schön ist es, wenn es dabei lustige oder skurrile Assoziationen gibt. Fragen Sie danach ab, ob die Schüler sich als Merkhilfen ganze Sätze gebildet haben. Wenn man das öfter macht, kann es abstrakter werden. Fordern Sie die Schüler auch dann dazu auf, sich irgendwie Eselsbrücken zu bauen, indem sie die losen Wörter zu einem Ganzen bringen und ein Bild vor Augen haben – je merkwürdiger, desto besser.

VARIANTEN

Wenn Sie nicht viel Platz haben, gehen Sie nur um die Tische herum und überlegen sich Bewegungen mit den Armen. Oder arbeiten Sie mit Stiften, die die Schüler hochwerfen sollen, z. B.

1: rechte Hand,
2: linke Hand,
3: beide Hände,
4: keine Bewegung.

LISTEN

Beispiel 1: Sätze

1. Runde: Zahlen (1, 2, 3, 4)
2. Runde: einen Namen pro Zahl (Hasan, Melek, Monique, Yü)
3. Runde: einteilige Verben (schläft, singt, tanzt, spielt)
4. Runde: Zeitangaben (heute, morgen, am Nachmittag, jeden Tag)
5. Runde: Ortsangaben (unter der Dusche, beim Essen, im Bett, auf dem Fahrrad)

Beispiel 2: Grammatikregeln

1. Runde: Zahlen (1, 2, 3)
2. Runde: Adjektivdeklination unbestimmter Artikel: maskulin (Da kommt ein Mann. Ich sehe einen Mann. Ich singe mit einem Mann.)
3. Runde: Adjektivdeklination unbestimmter Artikel: feminin (Hier ist eine Frau. Ich sehe eine Frau. Ich tanze mit einer Frau.)
4. Runde: Adjektivdeklination unbestimmter Artikel: neutrum (Hier ist ein Kind. Ich sehe ein Kind. Ich spiele mit einem Kind.)
5. Runde: Adjektivdeklination bestimmter Artikel: maskulin (Der Mann ist blond. Ich sehe den Mann. Ich spreche mit dem Mann.)

Beispiel 3: Wortschatzwiederholung: Thema Wohnen

1. Runde: Zahlen (1, 2, 3, 4)
2. Runde: das Wohnzimmer (die Couch, der Sessel, der Fernseher, das Regal)
3. Runde: das Schlafzimmer (das Bett, der Schrank, der Spiegel, das Kissen)
4. Runde: das Arbeitszimmer (der Computer, der Schreibtisch, der Drucker, das Buch)
5. Runde: das Bad (das Klo, das Waschbecken, die Badewanne, die Dusche)

Beispiel 4: Redewendungen

1. Runde: Zahlen (1, 2, 3, 4)
2. Runde: Pronomen (ich, du, er, ihr)
3. Runde: Verben (verstehe, gehst, macht, lebt)
4. Runde: Ergänzung (nur, mir, sich, hinter)
5. Runde: Ergänzung (Bahnhof, auf den Geist, zum Affen, dem Mond)

APFEL ODER PFIRSICH?

23

Klassenstufe	5–7
Ziel	Schüler trainieren Wortschatz und Grammatik, bauen Energie auf
Arbeitsform	Gruppenarbeit
Material/Vorbereitung	Mehrere Wortschatzzettel für jede Vierer-Gruppe, Kreppband
Zeit	10 Minuten
Einbindung in den Unterricht	Möglich sowohl in der Einführungsphase (induktiv) als auch in der Wiederholungsphase

BESCHREIBUNG

Eine Person aus jeder Gruppe erhält zwei Wortschatzkarten (Farben, Obst, Gemüse, Verben, ...), welche den anderen beiden auf den Rücken geklebt werden. Diese dürfen keine der Karten vorhersehen. Sie versuchen nun, durch geschicktes Bewegen herauszubekommen, was auf der Karte des anderen steht. Wer zuerst das Wort sagt (bei Nomen den richtigen Artikel hinzufügt), hat diese Runde gewonnen und bekommt einen Punkt. Dann wird gewechselt. Es spielt jeder gegen jeden – ein paar Runden, bis die Energie wieder komplett da ist.

VARIANTEN

- Es ist auch möglich, das Spiel in der großen Gruppe zu spielen. Dann treten immer nur zwei Schüler gegeneinander an und die anderen bilden einen Kreis um sie herum, aus dem sie nicht ausweichen dürfen.
- Es können auch Anfänge von Redewendungen auf den Zetteln stehen oder Satzanfänge mit Infinitiv mit zu etc., die die Schüler dann vervollständigen müssen.

HINWEIS

Das Spiel eignet sich auch hervorragend als Energieaufbauübung. Man braucht allerdings ein wenig Platz. Man könnte es daher auch als Einstimmung auf den Unterricht als Übung direkt nach der Pause im Hof anbieten.

24 EINER GEHT VORAN

Klassenstufe	5–10
Ziel	Schüler trainieren den Wortschatz und Grammatik
Arbeitsform	Einzelarbeit
Material/Vorbereitung	–
Zeit	10 Minuten
Einbindung in den Unterricht	Festigungsphase, wenn die Konzentration nachlässt

BESCHREIBUNG

Die Schüler stehen. Sie als Lehrkraft machen folgende Bewegung vor:

1. Beide Arme sind vor der Brust zusammen	**2.** Dann die Ellbogen nach unten anwinkeln	**3.** Arme nach oben strecken	**4.** Arme zur Seite strecken

Danach versetzt anfangen: linker Arm ist auf 1, rechter Arm schon auf 2 etc. Am besten machen Sie es zunächst ganz langsam zusammen und warten immer in der jeweiligen Position bis alle es haben. Dann sollen es die Schüler allein machen. Ihr Part ist es, herumzugehen und einzelne Schüler halblaut etwas nachsprechen zu lassen oder sie aufzufordern, eine (grammatische) Frage zu beantworten oder sich an etwas Bestimmtes zu erinnern. Die Schüler dürfen dabei nicht den Rhythmus verlieren und sollen entsprechend der Frage antworten.

VARIANTEN

- Zwei Schüler stellen sich gegenüber auf und machen die Übung spiegelverkehrt.
- Zwei Schüler arbeiten zusammen und nur einer macht die Bewegungen, der andere hat sein Heft und stellt Wiederholungsaufgaben aus der (den) letzten Stunde(n). Der andere reagiert.

HINWEIS

Es ist wirklich wichtig, dass Sie die Bewegung zunächst langsam zusammen üben (vorher als Lehrkraft selbst erst einmal zu Hause probieren), sonst schummeln viele. Es geht um die richtige Ausführung. Das, verbunden mit der Sprachübung, führt zu einer sehr festen Synapsenverbindung im Gehirn. Diese Übung ist anfangs sehr schwer. Es ist aber nur wenig Routine nötig, um es perfekt zu können. Wendet man die Übung regelmäßig jeden Tag an, ist sie am Ende so einfach, dass es keine Herausforderung mehr gibt. Für die Schüler wird aber durch den kurzen Zeitraum sehr deutlich: Etwas Schweres kann mit etwas Übung ganz leicht beherrscht werden. Insofern ist es auch eine gute Möglichkeit, schnell Erfolgserlebnisse zu schaffen, weil der eigene Fortschritt sehr gut spürbar ist – ganz im Gegensatz zu der großen Aufgabe „Deutsch zu lernen".

KLATSCHEN UND TANZEN

25

Klassenstufe	5–10
Ziel	Schüler trainieren Wortschatz und Gedächtnis bzw. die Artikel
Arbeitsform	Partnerarbeit
Material/Vorbereitung	— (ggf. Popmusik)
Zeit	6 bzw. 7 Minuten
Einbindung in den Unterricht	Festigungsphase

BESCHREIBUNG

Die Paare stehen sich gegenüber. Ein Schüler beginnt extrem langsam einen Rhythmus zu schlagen, der andere versucht, genau dazwischen zu schlagen, den Rhythmus, wenn es schneller wird, zu halten und gleichzeitig so viele Wörter wie möglich aufzusagen, die ihm zu einem vorgegebenen Thema einfallen. Dabei darf er sich nicht durcheinanderbringen lassen. Nach einer Weile wird gewechselt.

HINWEISE

Im Eifer des Gefechts kann es bei der Übung „Klatschen im Kontra" lauter werden. Man hört auch die anderen Schüler klatschen, das erfordert noch mehr Konzentration. Sagen Sie vorher, dass auch das Teil der Aufgabe ist. Sie können es alternativ auf dem Pausenhof machen.
Die Methode ist sehr komplex und sollte erst angewendet werden, wenn die Schüler schon ein wenig Sprache in Bewegung erlernt haben. Die Konzentrationsfähigkeit verbessert sich enorm durch solche Übungen, weshalb man die Lautstärke und Komplexität ruhig in Kauf nehmen sollte.

ALTERNATIVE

Die Schüler stehen am Platz. Sie geben verschiedene Bewegungen vor:
„Der": rechtes Bein vor (tippen) und dazu linken Arm nach vorn führen (gleichzeitig), dann links
„Die": rechtes Bein vor (tippen) und dazu linken Arm nach oben führen (gleichzeitig), dann links
„Das": im Kreis drehen

Sie nennen nun Nomen der vergangenen Stunde(n) und die Schüler müssen mit der passenden Bewegung reagieren. Sobald alle den richtigen Artikel benutzen, können sie noch einen Moment weiter tanzen und das Wort mit dem Artikel laut vor sich hersagen.

VARIANTEN ZUR ALTERNATIVE

Sie können auch statt der Artikel andere Grammatikthemen nehmen, z. B. in der Konjugation wird dann aus *„der"*, *„ich"* etc. Das funktioniert gut paarweise. Einer nennt ein Verb im Infinitiv, der andere macht eine der drei Bewegungen und nennt die richtige Form dazu, z. B. *„ich gehe"*. Man kann auch erst tanzen und der andere muss raten, welche Konjugationsform gemeint ist. Auch weitere drei Bewegungen können ausgemacht werden. Da sind die Schüler oft selbst erfinderisch. Gut geeignet sind auch Verben mit Präpositionen, Dativpräpositionen, Zeitangaben etc.
Es funktioniert natürlich mit ganz unterschiedlicher Musik.

26 KATALOGE

Klassenstufe	5–10
Ziel	Schüler trainieren den Wortschatz, üben Dialoge, festigen Grammatik
Arbeitsform	Plenum
Material/Vorbereitung	Kärtchen/Sportgeräte (siehe Alternativen)
Zeit	20 Minuten
Einbindung in den Unterricht	Wiederholungsphase

BESCHREIBUNG

Sie wählen eine der Kataloge oder wiederholen an der Tafel ein Thema und schreiben alles untereinander auf. Dann werden schnell Kärtchen mit den jeweiligen Begriffen geschrieben und verteilt.

Alle Schüler sitzen. Jeder hat ein Kärtchen, auf dem ein Objekt steht, dass man niemanden zeigen sollte. Es gibt allerdings für einen keinen Stuhl und kein Kärtchen. Er muss in der Mitte stehen und Fragen stellen, um einen Platz zu bekommen. Er fragt einen beliebigen Schüler nach einem der Objekte aus dem Katalog, der an der Tafel steht. Fragt er nach dem Objekt, welches derjenige auf seiner Karte hat, tauschen sie die Plätze, wenn nicht, muss weiter gefragt werden. Der rechte Nachbar des Schülers mit dem Kärtchen, das gefunden wurde, entscheidet, wie die Plätze getauscht werden:

- über/unter dem Tisch,
- im Entengang,
- mit Hockstrecksprüngen,
- auf den Zehenspitzen,
- mit gestreckten Armen

etc.

Beispiel: Im Katalog stehen Lebensmittel. Geübt wird die Struktur: *„Haben Sie ...?“*

HINWEISE

Nach dem Platztausch können die Kärtchen neu gemischt werden. In großen Gruppen können die gleichen Dinge öfter vorkommen.

VARIANTEN

Mit den Katalogen kann auch im Wettbewerb gespielt werden. Sie als Lehrkraft bringen verschiedene Stoff-Spiele mit (gibt es günstig im Handel, sind kleiner als die normalen Spiele und weich, so dass man sich damit nicht wehtun kann), z. B. ein Dartspiel, Pfeil und Bogen, ein Basketballspiel etc. Nur eine Gruppe zieht Kärtchen, aus der anderen Gruppe werden mehrere Personen ausgewählt, die die Fragen stellen und so versuchen; so schnell wie möglich alle Kärtchen einzusammeln (natürlich nur, wenn die richtige Person gefunden wurde). Dabei wird die Zeit gestoppt. Dann ist die andere Gruppe an der Reihe. Wer es schafft, in der kürzesten Zeit alle Kärtchen einzusammeln, bekommt einen Punkt. Dieser kann verfünffacht werden, wenn man es danach schafft, eine bestimmte (vorgegebene) sportliche Disziplin zu absolvieren, z. B. *„Treffe mit dem Basketball 2 × den Korb“* oder *„Schieße den Pfeil in den angegebenen Kreis“* etc. Dieser Wettbewerb kann über mehrere Tage fortgeführt werden. Man kann es z. B. Olympische Spiele nennen.

MÖGLICHE KATALOGE

Einkaufen + Mengenangaben

- *Nur an der Tafel:* eine Packung, ein Kilo, ein Pfund, eine Tüte, ein Stück, eine Flasche, ein Becher, eine Dose, eine Tasse, eine Scheibe, eine Portion, ein Glas
- *An der Tafel und als Kärtchen:* Orangensaft, Käse, Kekse, Bananen, Chips, Bier, Joghurt, Cola, Kaffee, Brot, Milchreis, Eier, Bohnen etc.
- *Mögliche Dialogteile:* Haben Sie Bananen? / Ich hätte gern ein Kilo Bananen. / Sechs Bananen, bitte.

Orte

- *An der Tafel und als Kärtchen:* das Schwimmbad, die Skaterbahn, das Kino, die Stadt, der Fußballplatz, das Volksfest, die Disko, McDonald, die Schule, die U-Bahn, der Stadtpark, das Café etc.
- *Mögliche Dialogteile:* Treffen wir uns am Schwimmbad, ...? Kommst du mit zum Schwimmbad? Warst du gestern im Schwimmbad? Kommst du aus dem Schwimmbad?

Freizeitaktivitäten

- *An der Tafel und als Kärtchen:* Freund besuchen, essen, einkaufen, bummeln, Musik hören, Minecraft spielen, vor der Schule abhängen, Leute beobachten
- *Mögliche Dialogteile:* Kommst du mit Minecraft spielen? Wenn wir mit den Hausaufgaben fertig sind, können wir Minecraft spielen. Macht es dir Spaß, Minecraft zu spielen?

Uhrzeiten

- *An der Tafel und auf den Kärtchen:* verschiedene Uhrzeiten als Ziffern oder als gezeichnete Uhr
- *Mögliche Dialogteile:* Ist es halb neun? etc.

Verlieren und wiederfinden

- *An der Tafel und auf den Kärtchen:* das Handy, die Mütze, die Flasche, die Jacke, das Portmonee, die Tasche, die Uhr, das Buch etc.
- *Mögliche Dialogteile:* Ich habe mein Handy verloren? Hast du es gesehen?

Um Hilfe bitten

- *An der Tafel und auf den Kärtchen:* Hausaufgaben machen, mein Fahrrad reparieren, mein Handy konfigurieren, einen Job finden, einen Praktikumsplatz finden, meine Mathenoten verbessern, mein Zimmer aufräumen etc.
- *Mögliche Dialogteile:* Kannst du mir helfen, meine Hausaufgaben zu machen?

Berufe

- *An der Tafel und auf Kärtchen:* Friseur, Lehrer, Arzthelfer, Pilot, Automechaniker, Schauspieler, Musiker, Karatekämpfer, Polizist, Kellner, Verkäufer, Boxer, Dieb, Taxifahrer, Sekretär, Computerspezialist, Spion, Tischler, Journalist etc.
- *Mögliche Dialogteile:* Bist du Friseur? Willst du Friseur werden? Würdest du gerne als Friseur arbeiten?

27 PANTOMIME FÜR PROFIS

Klassenstufe	5–10
Ziel	Schüler trainieren den Wortschatz
Arbeitsform	Gruppenarbeit
Material/Vorbereitung	Kärtchen
Zeit	10 Minuten
Einbindung in den Unterricht	Festigungs- oder Wiederholungsphase

BESCHREIBUNG

Sie schreiben Verbkarten – pro Verb ein Kärtchen. Dazu schreiben Sie Karten mit Ergänzungen, auch hier pro Ergänzung ein Kärtchen.
Die Schüler arbeiten in Gruppen. Jede Gruppe erhält ein Verbkärtchen und jeder ein Ergänzungskärtchen. Die Gruppenmitglieder sprechen sich ab, wer welche Karte pantomimisch darstellen soll. Dann spielen sie nacheinander die Begriffe im Plenum. Die anderen raten zunächst, um welches Verb es sich handelt und dann welche Ergänzungen gemeint sind. Alle Begriffe werden an der Tafel gesammelt.

Beispiele:
- *öffnen:* ein Fenster, einen Brief, eine Tür, eine Dose Cola, einen Schirm
- *suchen:* dein Turnbeutel, ein Zettel in der Tasche, eine Nummer im Handy, deine Brille etc.
- *trinken:* einen sehr heißen Tee, Wasser aus dem Hahn, Wein aus der Flasche, sehr heißen Kaffee etc.
- *essen:* ein zähes Stück Fleisch, ein Stück Melone, einen leckeren Kuchen, ein tropfendes Eis, Spaghetti

VARIANTEN

- Als Nachbereitung kann man die Ergänzungen auf einem Tisch auslegen und die Schüler sollen sie zu den passenden Verbkarten legen. Sie könnten sie auch woanders hinlegen, wenn sie eine passende Erklärung haben.
- Die Ergänzungen können zu einer Geschichte verbunden werden.
- Mit den Kärtchen können Relativsätze einstudiert werden.
  Beispiel:
  Du öffnest eine Tür, die klemmt. Du gehst in ein Zimmer, in dem jemand schläft.

DAUMEN FREI

28

Klassenstufe	5–10
Ziel	Schüler trainieren Wortschatz oder Grammatik, hier Beispiel mit Infinitiv + zu
Arbeitsform	Plenum/Gruppenarbeit
Material/Vorbereitung	—
Zeit	10 Minuten
Einbindung in den Unterricht	Festigungs- oder Wiederholungsphase

BESCHREIBUNG

Bis auf den Daumen bekommen alle Finger eine Nummer. Sie als Lehrkraft nennen eine Zahl und die Schüler müssen den passenden Finger schnell zum Daumen führen. Danach werden Fingerkombinationen zu Zahlen: z. B.

- rechter Daumen und rechter Mittelfinger ist die 1,
- linker Daumen und linker Ringfinger ist die 2 etc.

Dann werden diese Finger-Zahlenkombinationen durch Sätze, Merkregeln etc. ersetzt. Sie wollen z. B. im Deutschen den Infinitiv + zu üben:

- Dann ist die 1 (rechter Daumen und rechter Mittelfinger) der Satzanfang *„Ich versuche ...“*,
- die 2 (linker Daumen und linker Ringfinger) *„Ich habe vergessen ...“* etc.

Dann nennen Sie wieder die Zahlen und die TN müssen 1. schnell wieder den richtigen Finger zum Daumen führen und 2. den passenden Satzanfang beenden.

VARIANTEN

Sie können auch Themen auf die Zahlen-Fingerkombinationen legen. Das große Thema ist z. B. „Wohnen“.

1. Nenne passende Verben zum Thema Wohnen wie umziehen, einziehen, einräumen, aufräumen etc.
2. Nenne Möbelstücke, die den Artikel „der“ haben.
3. Nenne elektrische Geräte in der Küche.
4. Nenne Gartengeräte.
5. etc.

Die Schüler arbeiten zu dritt. Einer ist der, der übt, der zweite gibt die Kommandos und der dritte schreibt. Wenn das Kommando gegeben wird, setzt der Übende seine Finger korrekt und zählt gleichzeitig so viele Wörter wie möglich zum Thema „Wohnen“ auf. Die dritte Person schreibt mit. Dann wird gewechselt, bis jeder einmal an der Reihe war. Man kann auch den Wettbewerbscharakter mit hineinbringen, indem man eine Zeit vorgibt. Dann treten alle Gruppen gegeneinander an und gewonnen hat die Gruppe, die am Ende die meisten Begriffe aufgeschrieben hat.

29 HIMMEL UND HÖLLE

Klassenstufe	5–7
Ziel	Schüler trainieren die Konjugation oder andere Formen
Arbeitsform	Gruppenarbeit
Material/Vorbereitung	Kreide/Kreppband, Stein
Zeit	15 Minuten
Einbindung in den Unterricht	Festigungs- oder Wiederholungsphase, Energieaufbau

BESCHREIBUNG

Sie markieren einen „Himmel und Hölle"-Plan mit Kreide auf dem Boden oder auf dem Schulhof und schreiben die Pronomen hinein oder legen sie vorher fest. Die erste Person beginnt. Sie stellt sich auf das Feld „Erde" und wirft den Stein auf das erste Feld „ich". Trifft sie nicht das richtige Feld, ist die nächste Person dran. Trifft sie es, hüpft sie Kästchen für Kästchen von der ERDE aus zum HIMMEL mit beiden Beinen und bei 4 und 5 jeweils im Grätschsprung. Das Feld mit dem Stein wird übersprungen und natürlich auch das mit der Hölle, wohin niemand gelangen möchte. Ist sie im Himmel angekommen, geht es auf dem gleichen Weg zurück, bis sie wieder vor dem ersten Kästchen steht. Dort nimmt sie den Stein, überhüpft das Feld und landet auf der Erde. Dann muss sie den Stein auf die 2 (du) werfen. Trifft sie, springt sie nun auf die 1, darf aber nicht auf die 2 springen etc. Die Person wechselt erst bei irgendeinem Fehler. Welcher Spieler schafft zuerst den Weg mit seinem Stein bis in den Himmel? Die Deutschaufgabe kann nun – je nach Kenntnisstand – variiert werden.

1. jeweils beim Springen die passende Konjugation von *gehen* (oder eines anderen Verbes) nennen
2. zuvor gelernte Sätze/Redemittel auf das entsprechende Pronomen anpassen
3. mit *sagen, geben, wünschen* Sätze bilden, die zwei benachbarte Kästchen beinhalten, z. B. *„Ich gebe dir das Buch. Du gibst ihr das Buch. Sie gibt ihm das Buch. Er gibt ihm das Buch."*

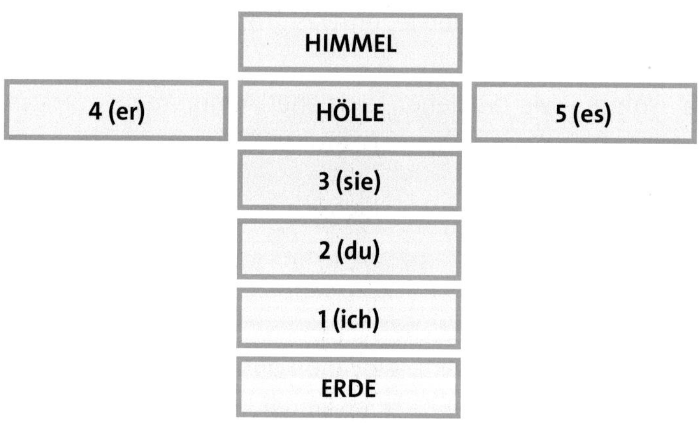

VARIANTEN

- Es gibt tausend Varianten des Spiels. Am besten gibt man „Himmel und Hölle" im Internet ein, schaut sich eine Variante an und wandelt sie in „Sprache" um.
- Wer Himmel und Hölle spielen, sich aber nicht „groß" dabei bewegen will, kann das Schema auch auf den Tisch aufmalen oder mit Kreppband bekleben und am Platz spielen. Ein kleines Steinchen wird von vorn (nicht von oben!) geworfen und dann mit jeweils einem Finger abgelaufen. Sonst gelten alle Regeln wie oben.

FLIEGENKLATSCHE

Klassenstufe	5–7
Ziel	Schüler trainieren Grammatik, hier z. B. Verben mit Präpositionen
Arbeitsform	Plenum
Material/Vorbereitung	Zwei Fliegenklatschen
Zeit	10 Minuten
Einbindung in den Unterricht	Wiederholungs- oder Festigungsphase

BESCHREIBUNG

Wettbewerb: Zwei Gruppen stehen hintereinander vor einem Tisch. Darauf liegen jeweils zwei Fliegenklatschen. Die vorderen zwei beginnen und nehmen die Fliegenklatsche in der Hand. Sie als Lehrkraft legen z. B. zwei Kärtchen mit Präpositionen auf den Tisch und nennen ein Verb. Wer zuerst mit seiner Fliegenklatsche auf die richtige Präposition schlägt, bekommt einen Punkt und geht wieder an das Ende der Reihe und die nächsten beiden Spieler bekommen die Fliegenklatsche.

BEISPIELE

Verben mit Präpositionen

warten	auf	über	anfangen	zu	mit
abhängen	nach	von	Angst haben	von	vor
achten	über	auf	teilnehmen	an	bei
denken	an	über	glauben	für	an
fragen	bei	nach	einladen	zu	für
gehören	zu	auf	gehen	nach	um
sich ärgern	über	mit	sich freuen	auf	von
sich beschweren	über	von	sich fürchten	nach	vor
sich erinnern	an	von	sich streiten	um	für

Phonetik (vorsprechen mit der zusätzlichen Frage: Was hörst du?)

Aussprachkarte für die LK			Aussprachkarte für die LK		
die	die	wie	Gras	Glas	Gras
Kirche	Kirchen	Kirsche	Pilz	Pelz	Pilz
Laus	Maus	Laus	Bus	Busch	Bus
Reise	leise	Reise	Reif	Reis	Reif
Fliese	Fliese	Fliege	setzen	sitzen	setzen
legen	legen	Regen	müsste	musste	müsste
Ober	Oper	Ober	leben	lieben	leben
Hase	Hose	Hase	hier	hier	Herr

31 ARTIKELGYMNASTIK

Klassenstufe	5–10
Ziel	Schüler trainieren Artikel
Arbeitsform	Plenum
Material/Vorbereitung	–
Zeit	6 Minuten
Einbindung in den Unterricht	Wiederholungsphase

BESCHREIBUNG

Sie teilen den Kurs in eine *der-*, eine *die-* und eine *das-*Gruppe ein.
Dann lesen Sie zur Wiederholung die Nomen der letzten Stunde vor. Die jeweilige Gruppe, die genannt wird, steht auf.

VARIANTEN

- Anstatt aufzustehen können Sie verschiedene Bewegungen ausmachen, die Ihnen oder den Schülern einfallen. Das kann auch jedes Mal anders sein.
- Es ist auch möglich, dass alle Schüler gleichzeitig mitspielen. Dazu machen Sie für *der, die, das* jeweils eine andere Bewegung aus. Die Schüler müssen dann die passende Bewegung zu dem von Ihnen genannten Nomen machen.
- Das wiederum können Sie auch in einen Tanz einbetten, dann ist jede Bewegung ein bestimmter Schritt. Lassen Sie die Musik dazu leise laufen, so dass man Sie noch gut hören kann, wenn Sie vorlesen.

BEISPIELE

Häufige einteilige Nomen

DER

Mensch, Teil, Weg, Tag, Platz, Markt, Grund, Wert, Staat, Tod, Kopf, Preis, Blick, Druck, Raum, Kampf, Kreis, Schritt, Punkt, Bau, Streit, Ort, Sieg, Fall, Punkt, Schutz, Kurs, Plan, Sinn, Gott, Text, Tisch, Start, Wunsch, Sport, Stand, Kauf, Dienst, Rest, Brief, Spaß, Trend

DIE

Uhr, Zeit, Stadt, Zehn, Art, Zahl, Hand, Kunst, Nacht, Wahl, Chance, Angst, Macht, Bank, Sicht, Luft, Kraft, Band, Bahn, Tat, Tür, Post, Flucht, Schuld, Lust, Fahrt, Wand, Not, Pflicht, Spur, Haft

DAS

Band, Jahr, Land, Geld, Ziel, Haus, Bild, Mal, Spiel, Buch, Stück, Werk, Recht, Wort, Feld, Team, Licht, Volk, Ding, Tier, Netz, Tor, Dorf, Fest, Blut, Dach, Nichts, Meer, Bier, Blatt

VERBKREIS

32

Klassenstufe	5–10
Ziel	Schüler memorieren Wortschatz, hier Verben
Arbeitsform	Plenum
Material/Vorbereitung	Ball
Zeit	10 Minuten
Einbindung in den Unterricht	Einstimmungs- oder Wiederholungsphase

BESCHREIBUNG

Die TN sitzen oder stehen in einem Kreis. Eine Person darf den Chef spielen. Sie passt auf, dass es zu keinen Regelverstößen kommt und darf einen Assistenten bestimmen, der für ihn die genannten Wörter an die Tafel schreibt.
Sie machen ein Thema aus, z. B. Verben. Sie werfen einer Person einen Ball zu und sagen ein Verb mit A, z. B. *anstehen*. Sie merken sich, wo die Person steht, zu der Sie den Ball geworfen haben. Danach rennen oder gehen Sie im Uhrzeigersinn zu diesem Platz. In der Zwischenzeit hat die angeworfene Person den Ball zu einer weiteren Person geworfen, ein Verb mit B genannt und selbst ihren Platz verlassen, um dorthin zu gelangen. So geht es immer weiter bis Z. Die Schüler müssen sich schnell ein Verb ausdenken, gleichzeitig immer wissen, was als Nächstes im Alphabet vorkommt und wohin sie gehen müssen.
Zusätzlich kann man ausmachen, dass alle links herumlaufen müssen, wenn es ein Verb mit *haben* ist und rechts herum, wenn es sich um ein Verb mit *sein* handelt, was man gerade gehört hat.
Hinterher können die Verben noch einmal besprochen werden.

VARIANTEN

- Es ist auch ein gutes Kennenlernspiel, um sich die Namen besser einzuprägen.
- Es können beliebige Themen bearbeitet werden, aber es sollten solche sein, wo es viel Wortschatz gibt, damit man ohne Probleme das Alphabet füllen kann. Es funktioniert auch als Landeskundethema. Wenn es Städte sind, die in Deutschland sind, geht es im Uhrzeigersinn zum nächsten Platz. Sind es aber Städte, die außerhalb von Deutschland liegen, geht man entgegen dem Uhrzeigersinn.

HINWEIS

Dieses Spiel ist anfänglich schwierig, aber wenn man es öfter macht, sehr leicht. Deshalb ist es ein guter Motivationsförderer, weil man an sich selbst merkt, wie schnell sich das Gehirn anpasst – anders als bei dem komplexen Thema „Sprachenlernen", wo man oft das Gefühl hat, nicht weiterzukommen.

33 HILFE

Klassenstufe	5–7
Ziel	Schüler trainieren Konzentration, Hörverstehen
Arbeitsform	Gruppenarbeit zu viert
Material/Vorbereitung	–
Zeit	10 Minuten
Einbindung in den Unterricht	Festigungsphase

BESCHREIBUNG

Das ist eine der Königsdisziplinen für die Konzentration – noch dazu in der Fremdsprache. Beginnen Sie also zunächst mit der Variante und steigern Sie es langsam. Diese Übung ist bei Personen mit starken Sprachhemmungen nur zu zweit durchzuführen, alles andere ist eine Überforderung. Generell hilft es aber gerade dabei, diese Hemmungen abzubauen, wenn die Atmosphäre spielerisch und offen ist.

Ein Schüler der Gruppe steht in der Mitte. Links davon steht eine Person, die nur Rechenaufgaben stellt (sehr einfache!), rechts davon steht eine Person, die nach Gefühlen fragt (*„Was bedeutet die Farbe Blau für dich?", „Wie findest du das Einkaufen?"* etc.). Davor steht eine Person, die immer eine Bewegung macht.
Der Schüler in der Mitte beginnt nun über ein vorgeschriebenes Thema zu sprechen. Gleichzeitig muss er sich nacheinander (!) auch auf das konzentrieren, was die linke, rechte und vordere Person von ihm will und darauf zeitnah reagieren. Dabei kann er zwar kurz stocken, darf aber nicht den Faden verlieren, was das Thema angeht, über das er gerade spricht.

Nach einer (kurzen!) Weile wird gewechselt.

VARIANTEN

- Es kann natürlich vereinfacht werden, indem es erst mal in Paaren abläuft und man sich nur auf eine Sache (Gefühl, Rechnen oder Bewegung) konzentrieren muss.
- Um es noch einfacher auch für den Fragesteller zu machen, können zuvor Fragen überlegt und auch aufgeschrieben werden. Dann kann man es auch noch besser in das jeweilige Stundenthema einbinden.
- Es kann auch als Kennenlernen genutzt werden. Dann werden die Fragen so gestellt, dass man Informationen über die andere Person erhalten kann. Diese soll man sich merken und hinterher wiedergeben.
- Schwieriger wird es, wenn die ganze Zeit über die Bewegung nachgemacht werden soll oder sogar spiegelverkehrt ablaufen soll.

HINWEIS

Sobald man solche Übungen regelmäßig im Unterricht einbaut, wird die Konzentration und Aufnahmefähigkeit deutlich besser werden. Damit einher gehen weniger Disziplinprobleme und eine bessere Langzeitabspeicherung der Redemittel.

BEISPIELE

FRAGEN

Ja/Nein-Fragen

1. Hast du Angst vor ... (Spinnen, dunklen Räumen, dem Alleinsein, ...)
2. Isst du gerne... (Schokolade, Spinat, Rosenkohl, Suppe, bei McDonald's etc.)
3. Liebst du es zu ... (chatten, chillen, Freunde treffen, zocken etc.)
4. Warst du schon mal ... (in der Sauna, im Museum, in New York etc.)
5. Würdest du gerne ... (nach New York, allein reisen, deinen Star privat treffen etc.)

Nachdenkfragen – in einem Wort zu beantworten

1. Wie findest du ... (Politik, die Klasse, Deutschland, Deutsch etc.)
2. Was machst du ... (am Abend, zu Hause, am Wochenende, im Sommer, in den Ferien etc.)
3. Wie heißt ... (deine Oma, die Hauptstadt von ..., ein Schriftsteller aus ... etc.)

MATHEMATIK

Plusaufgaben (nicht zu schwierige Aufgaben stellen!)

Was ist	27 +3?	= 30
Was ist	40 + 60 + 75?	= 175
Was ist	120 + 80 + 12?	= 212

und vergleichbare wie diese

Minusaufgaben
Im Einer und Zehnerbereich bleiben

Plus- und Minusaufgaben zusammen

1 × 1

34 FINGERSPIELE

Klassenstufe	5–10
Ziel	Schüler konzentrieren sich, zu einem vorgegebenen Thema sprechen
Arbeitsform	Partnerarbeit
Material/Vorbereitung	–
Zeit	10 Minuten
Einbindung in den Unterricht	Festigungsphase

BESCHREIBUNG

Es gibt verschiedene Fingerübungen:

- die Hände auf den Tisch legen und mit jedem Finger nacheinander einmal tippen (linke und rechte Hand arbeiten dabei gleichzeitig), dann zwei Mal tippen, dann drei Mal und schneller werden.
- Die Fingerkuppen beider Hände aneinanderlegen und nun kreisen nur die Daumen, nur die Zeigefinger etc.
- Von der rechten Hand tippt nacheinander der Daumen auf den Zeigefinger, Mittelfinger etc. und gleichzeitig der Daumen der linken Hand auf den kleinen Finger, Ringfinger etc.; schneller werden, dann die Richtung wechseln.

Die Schüler sollen nun während der Konzentration auf die Finger zu einem vorgegebenen Thema sprechen und sich nicht verzetteln.

ALTERNATIVEN

- Natürlich funktioniert Fingergymnastik auch gut als Energieaufbauübung. Sind die Finger gut durchblutet und ist die Konzentration wieder da, fällt das Lernen danach umso leichter.
- Das gleiche Prinzip funktioniert auch mit den Füßen:
  Die TN sitzen und Sie zeigen folgende Bewegung:
  1. rechte Zehen hoch
  2. rechte Ferse hoch
  3. linke Zehen hoch
  4. linke Ferse hoch
- Oder auch: rechte Zehe hoch, linke Zehe hoch, rechte Ferse hoch, linke Ferse hoch. Dann in einen Rhythmus kommen: vorne, vorne, hinten, hinten. Und immer schneller werden. Die Geschwindigkeit ist hier der Konzentrationsfaktor, an dem man drehen kann.

KONSUM

35

Klassenstufe	5–10
Ziel	Schüler trainieren Wortschatz, Artikel und Plural
Arbeitsform	Plenum
Material/Vorbereitung	Zettel
Zeit	10 Minuten
Einbindung in den Unterricht	Wiederholungsphase

BESCHREIBUNG

Alle Schüler schreiben auf drei Zettel jeweils irgendeinen Konsumartikel – auch solche, die man eigentlich nicht haben will. Damit laufen alle durch den Raum und tauschen sie. Wenn man einen Artikel nicht mag, gibt man ihn weiter und nimmt einen anderen, den derjenige wiederum nicht mag. Irgendwann sagen Sie laut „Stopp".
Am Ende stellt jeder die Artikel vor, die er noch auf der Hand hat und sagt, welche ihm gefallen, welche nicht, warum und von welchen er lieber zwei hätte.

VARIANTEN

Sie können das natürlich einschränken auf Untergruppen: Kleidung, Medien etc. Das funktioniert auch sehr gut mit Eigenschaftswörtern wie arrogant, ehrgeizig, fleißig etc.

BEISPIELE

Smartphone	**Duschbad**	**Videokamera**
Buch	**Schmuck**	**Spielzeug**
Computer	**Fahrrad**	**Sportartikel**
Möbel	**Geschirr**	**Computerspiel**
Schminke	**CDs**	**Markenjeans**
Tasche	**Zeitschrift**	**Konzertkarte**

36 SAGEN, ABER NICHT MACHEN

Klassenstufe	5–10
Ziel	Schüler trainieren Ortspräpositionen und Konzentration
Arbeitsform	Plenum
Material/Vorbereitung	–
Zeit	10 Minuten
Einbindung in den Unterricht	Übungsphase

BESCHREIBUNG

Nachdem Sie die Präpositionen eingeführt haben, eignet sich diese Übung sehr gut zu deren Festigung, auch wenn das im ersten Moment nicht so erscheint. Sie geben folgende Bewegungen vor: 1 „vor“ = nach vorn gehen, 2 „hinten“= zurückgehen, 3 „über“ = Arme hoch, 4 „unter“ = in die Hocke. Alle Schüler stehen auf. Sie nennen die 1. Regel: *Alle sagen, was Sie sagen und machen, was Sie sagen.* Dann beginnen Sie. Nach einer Weile kommt Regel 2: *Alle sagen das Gegenteil von dem, was Sie sagen, machen aber das Gleiche.* Es folgt Regel 3: *Alle sagen, was Sie sagen, machen aber das Gegenteil von dem, was Sie machen.* Das ist zwar zunächst verwirrend, aber höchst effektiv, weil es hohe Konzentration erfordert. Die eigentlichen Begriffe müssen aber vorher gut gefestigt sein.

VARIANTEN

- Das eignet sich für alle Themen, bei denen Paare vorkommen, also auch das Thema „Lexik“. Dazu nehmen Sie einfache Bewegungen, z. B. „schwarz“ – links hüpfen, „weiß“ - rechts hüpfen etc.
- Dieses Spiel eignet sich auch als Energieaufbau mit den Bewegungen „vor“, „rück“, „nach innen“, „nach außen“ im Kreis und alle haken sich ein.

BEISPIELE

leise	laut (stampfend)
niedrig	hoch
heiß	kalt (bibbern)
weich (zart laufen)	hart
schnell	langsam
offen (Arme ausbreiten)	geschlossen (ganz rund machen)

strecken	beugen
nehmen	geben
aufdrehen	zudrehen
stehen	gehen
gehen	rennen
reden	schweigen

DER MAGISCHE STAB

37

Klassenstufe	5–10
Ziel	Schüler trainieren Richtungsangaben, Kooperation
Arbeitsform	Plenum
Material/Vorbereitung	Langer Stab (2–3 Meter oder Besenstiel)
Zeit	10 Minuten
Einbindung in den Unterricht	Wiederholungs- oder Festigungsphase

BESCHREIBUNG

An der Tafel wird der für die nächste Übung notwendige Wortschatz angeschrieben und besprochen.

- ein bisschen höher/tiefer/runter
- hinten runter/hoch
- vorne runter/hoch
- in die Knie gehen
- langsam nach unten

Die Schüler stellen sich in zwei Reihen gegenüber auf, so dass eine Gasse entsteht. Sie erhalten einen Stab, den JEDER mit einem Finger hält. Die Schüler sollen den Stab gemeinsam auf den Boden legen. Dabei gibt es zwei Regeln: Jeder muss zu jeder Zeit den Stab berühren und keiner darf den Stab festhalten.
Erfahrungsgemäß geht der Stab erst einmal nach oben. Haben nicht mehr alle Schüler Kontakt zum Stab, unterbrechen Sie die Aktivität und fragen, was passiert ist und warum. Die Schüler sollen Strategien entwickeln, die Aufgabe selbst zu lösen.

ALTERNATIVEN

- Nach der Aktivität könnten Sie mit den Schülern eine Reflexionsrunde starten mit dem Satzanfang:
  „Es war schwer, den Stab auf den Boden zu legen, weil …"
- Danach kann man die Satzanfänge öffnen:
  „Es ist schwierig, Deutsch zu lernen, weil …"
  etc.

38 IM GLEICHGEWICHT BLEIBEN

Klassenstufe	5–10
Ziel	Schüler trainieren Wortschatz, Konzentration
Arbeitsform	Plenum
Material/Vorbereitung	Mehrere weiche Bälle oder Tücher mit Knoten
Zeit	5 Minuten
Einbindung in den Unterricht	Wiederholungs- oder Festigungsphase

BESCHREIBUNG

Alle stehen auf und schieben die Stühle heran, so dass sie etwas Platz haben. Jeder erhält ein Wort, eine Redewendung und alle laufen zunächst durch den Raum und speichern ab, wofür jeder Einzelne steht. Dann gehen alle auf ihren Platz zurück oder, wenn es mehr Platz gibt, in einem Kreis zusammen. Sie geben verschiedene Anweisungen, wie die Schüler sich aufzustellen haben und verteilen mehrere weiche Bälle, die wahllos hin- und hergeworfen werden sollen. Ziel ist es dabei, passende Fragen zu stellen. Wenn Maya z. B. für die Redewendung „auf etwas reinfallen" steht, wirft Timo seinen Ball und fragt: *„Bist du auf ihn reingefallen?"* und Maya antwortet. *„Ja, ich bin auf ihn reingefallen!"* etc.

Bewegungen:

1. Alle stehen auf den Zehenspitzen.
2. Alle stehen auf dem rechten Bein und haben die linke Hand am Rücken, d. h. sie fangen und werfen rechts.
3. Alle stehen auf dem linken Bein und haben die rechte Hand am Rücken, d. h. sie fangen und werfen links.
4. wie 2, nur mit der anderen Hand
5. wie 3 nur mit der anderen Hand

HINWEIS

Chinesische Forscher haben festgestellt, dass das tägliche Stehen auf einem Bein die Synapsenverbindungen im Gehirn verstärkt, d. h. dass man mit einfachen Gleichgewichtsübungen im Unterricht viel bessere Abspeicherungsprozesse in Gang bringt als ohne.

SÄTZE IN BEWEGUNG 39

Klassenstufe	5–7
Ziel	Schüler trainieren ihr Gehör und die Satzstellung
Arbeitsform	Plenum
Material/Vorbereitung	–
Zeit	10 Minuten
Einbindung in den Unterricht	Wiederholungs- oder Festigungsphase

BESCHREIBUNG

Der Kurs wird in zwei Gruppen geteilt. Jeder Schüler der einen Gruppe erhält einen Zettel, auf dem ein Teil eines Satzes steht. Jeder merkt sich den eigenen Teil und spricht ihn, durch den Raum gehend, laut vor sich hin. Die Gruppe ohne Zettel muss versuchen, den Satz wieder zusammenzusetzen, indem alle sich in einer Reihe aufstellen, ohne die Zettel anzuschauen. Ob der Satz stimmt, wird überprüft, indem jeder seinen Zettel zeigt. Danach wird gewechselt.

ALTERNATIVE

Jeder Schüler erhält drei andersfarbige Zettel. Auf jeden Zettel soll er einen Teil eines Satzes schreiben – z. B. *Ich / fahre / mit dem Fahrrad; Er / träumt / viel.* Sammeln Sie die Zettel wieder ein, sortieren Sie die Stapel nach den Farben und lassen Sie die Schüler von jedem Stapel eine neue Karte ziehen.

Ich

fahre

mit dem Fahrrad

Dann fragen Sie nach einem Subjekt. Der erste Schüler kommt nach vorn und hält „sein" Subjekt vor der Brust. Zwei andere Schüler stellen sich mit passenden Teilen dazu. Nun wird der Satz so lange verändert, bis es nicht mehr geht. Dann sind die nächsten Drei an der Reihe.

VARIANTEN

Sie können Vorgaben machen, was die Schüler auf die Zettel schreiben sollen: nur Sätze mit „er", Sätze mit Ortsangaben, Sätze mit Modaladverbien etc.

40 BALLFETE

Klassenstufe	5–10
Ziel	Schüler trainieren Wortschatz, Konzentration
Arbeitsform	Plenum
Material/Vorbereitung	vier verschieden farbige Bälle, ein Kuscheltier
Zeit	8 Minuten
Einbindung in den Unterricht	Wiederholungs- oder Festigungsphase

BESCHREIBUNG

Alle sitzen im Kreis. Es wird abgezählt: 1, 2, 1, 2, ... Der erste Ball kommt ins Spiel, z. B. ein roter. Mit diesem Ball wird jeweils von Ihnen aus eine neue Runde mit einer Redewendung gestartet, d. h. jeder, der im Uhrzeigersinn den Ball bekommt, sagt die vorgegebene Redewendung. (In der zweiten Runde ist es eine neue Redewendung. Nach einer Weile können Sie auch zu den alten zurückkommen). Dann kommt ein blauer Ball hinzu. Diesen bekommen nur alle „Einsen". Danach kommt ein grüner Ball ins Spiel, den bekommen nur alle „Zweien". Als Nächstes kommt ein gelber Ball hinzu, den bekommen alle, aber entgegen dem Uhrzeigersinn. Nur der rote Ball transportiert die jeweilige Redewendung, alle anderen nicht.

VARIANTEN

Noch schwieriger wird es, wenn Sie zusätzlich ein Kuscheltier mit ins Spiel bringen, welches wahllos von einem zum anderen geworfen wird (Augenkontakt und mit Namen ansprechen!). Gleichzeitig kann auch noch entgegen dem Uhrzeigersinn irgendein Gegenstand mit dem Fuß weitergeschoben werden.

HINWEIS

Dieses Spiel ist sehr witzig und gleichzeitig sehr effektiv. Die Anschaffung der Bälle lohnt sich.

GRAMMATIK AM KÖRPER

Klassenstufe	5–7
Ziel	Schüler trainieren Präpositionen
Arbeitsform	Plenum
Material/Vorbereitung	Schokolade oder Bonbon
Zeit	3 Minuten
Einbindung in den Unterricht	Einführungsphase

BESCHREIBUNG

Alle Schüler stehen auf und erhalten ein Stück Schokolade oder ein Bonbon, das sie auswickeln. Das Papier legen sie vor sich auf den Boden und die Süßigkeit auf das Papier. Dann machen Sie Bewegungen vor und die Schüler machen sie nach:

- über = Arme über den Kopf strecken
- auf = Arme auf den Kopf legen
- an = eine Hand an die Wange legen
- neben = einen Arm seitlich strecken
- zwischen = Hüfte umfassen
- unter = sich vorbeugen
- in = die Schokolade nehmen und in den Mund stecken.

ALTERNATIVEN

Bei dieser Übung verankern Sie Präsens, Präteritum und Perfekt an Teilen des Körpers. In den Füßen z. B. ist immer das Präsens, an den Hüften „klebt" das Präteritum und am Kopf das Perfekt. Nun stehen alle TN auf und Sie nennen verschiedene Verbformen – z. B. *ich / gehen*. Die Schüler berühren die jeweilige Körperregion und sagen die passende Form:
Füße: *ich gehe,*
Hüfte: *ich ging,*
Kopf: *ich bin gegangen.*
Sie können das auch andersherum machen: Sie geben ein Verb im Infinitiv vor und zeigen auf eine Körperstelle. Die TN müssen dann die richtige Form nennen.

HINWEIS

Wenn Sie sich zunächst unsicher sind, ob „richtige" Bewegungen etwas für Ihre Gruppe sind, machen Sie kleine Bewegungen am Platz und im Sitzen, z. B. linken Arm / rechten Arm / beide Arme heben, Kopf nach oben / zur Seite nach links oder rechts drehen, die Finger unterschiedlich bewegen. Sie können die Gruppe auch selbst entscheiden lassen, welche Bewegungen sie machen möchte.

V SPIELE ZU BESTIMMTEN THEMEN: FERTIGKEITEN

42 TEXT(TEILE) IN BEWEGUNG

Klassenstufe	5–10
Ziel	Schüler trainieren Wortschatz, Schlüsselwörter und verinnerlichen Texte
Arbeitsform	Plenum
Material/Vorbereitung	Text
Zeit	20 Minuten
Einbindung in den Unterricht	In der Arbeit mit Texten als Vorentlastung, Aufgabe während des Lesens, zur Wiederholung

BESCHREIBUNG

Sie wählen einen kurzen Text aus Ihrem Lehrwerk aus und schreiben die Verben, die Sie als Lernwortschatz üben wollen, auf einzelne Kärtchen. Sie zeigen den Schülern eine Verbkarte und machen eine Bewegung dazu, die nicht unbedingt zum Verb passen muss (linken Arm heben, Knie hoch, drehen etc.). Die Schüler prägen sich die Verbkarte mit der Bewegung ein. Führen Sie in dieser Form vier oder fünf Verben ein und lassen Sie die Schüler immer alle Bewegungen üben. Dann lesen Sie den Lehrbuchtext vor und immer, wenn die Schüler eines der gelernten Verben hören, machen sie die passende Bewegung dazu. Es kann auch ein Schüler den Text lesen.

VARIANTEN

- Die Schüler denken sich selbst Bewegungen zu den Verben aus. Es können auch Nomen oder Adjektive auf diese Weise eingeführt werden.
- Sie können auch einen ganzen Text in Bewegung bringen. Sie lesen zunächst einen zuvor durchgenommenen Alltagstext vor und die Schüler sollen versuchen, ihn während des Lesens mit passender Bewegung zu begleiten. Besonders gute Einfälle können im zweiten Durchgang übernommen werden.
- Die Schüler stellen unterschiedliche Dinge dar: Eine Gruppe konzentriert sich auf die Zeit – da kann man zuvor auch verschiedene Bewegungen ausmachen für: heute, morgen, nächstes Jahr, am Wochenende etc. ... Eine andere Gruppe konzentriert sich auf Orte, eine andere wieder auf Aktivitäten.

PRÄTERITUMPFLÜCKEN

43

Klassenstufe	5–10
Ziel	Schüler trainieren Präteritumformen, Hörverstehen Texte
Arbeitsform	Plenum
Material/Vorbereitung	Lied Dornröschen, Stühle, Kärtchen
Zeit	10 Minuten
Einbindung in den Unterricht	Festigungsphase

BESCHREIBUNG

Sie haben die Präteritumformen aus dem Lied „Dornröschen war ein schönes Kind" auf Zettel geschrieben und so kopiert, dass immer drei bis vier Personen einen Stapel haben. Diese legen Sie jeweils so auf einen Stuhl, dass die Formen gut sichtbar sind.
Dann fordern Sie die Schüler auf, sich so zu verteilen, dass um jeden Stuhl ca. drei bis vier Personen stehen. Sagen Sie ihnen, dass Sie nun ein Lied vorspielen werden und dass die Schüler sich immer, wenn sie eine Präteritumform hören, den Zettel schnappen sollen. Gewonnen hat die Person mit den meisten Zetteln am Ende.

VARIANTEN

- Es gibt viele Möglichkeiten, das „Pflücken" einzusetzen. Sie können z. B. mit jedem beliebigen Liedtext durchführen: Zerschneiden Sie die Texte nach Zeilen, lassen Sie sie die Schüler beim Hören sammeln und danach in Gruppen versuchen, diese wieder in die richtige Reihenfolge zu bringen. Zum Schluss wird noch einmal gehört und überprüft, ob die Reihenfolge sinnvoll war.
- Wenn Sie den Fokus auf ein bestimmtes Themenfeld lenken wollen, legen Sie nur diese Wörter oder Redemittel auf den Stuhl. Dies können Sie auch mit Lesetexten machen, indem Sie sie vorlesen.

44 STAFFELHÖREN

Klassenstufe	5–10
Ziel	Schüler hören konzentriert zu
Arbeitsform	Zwei Gruppen
Material/Vorbereitung	Zwei Flipcharts
Zeit	5 Minuten
Einbindung in den Unterricht	Präsentationsphase

BESCHREIBUNG

Die Schüler arbeiten in zwei Gruppen. Sie haben jeweils eine Flipchart mit dem Alphabet untereinander vorbereitet und gemeinsam mit der anderen Gruppe einen Anfangs- und Endpunkt für den Staffellauf festgelegt.
Dann starten Sie einen Hörtext, zu dem Sie vorher verschiedene Vorentlastungen erarbeitet haben. Die TN sollen nun während des Hörens mithilfe des Alphabets so viele Stichwörter wie möglich aufschreiben, indem jeder Einzelne zu der Flipchart der eigenen Gruppe läuft und eine gehörte Information unter die Buchstaben des dortigen Alphabets schreibt, dann zurückläuft und dem nächsten den Stift gibt, bis der Hörtext zu Ende ist. Der Hörtext wird so lange wiederholt, bis eine der beiden Gruppen zu allen Buchstaben etwas geschrieben hat. Diese Gruppe hat dann gewonnen.

VARIANTE

Danach kann die Flipchart als Erinnerungsstütze für die Wiedergabe des Textes oder Filmes dienen. Ohne das Staffelhören funktioniert das auch als Erinnerungsstütze individuell. Die Schüler schreiben dazu für sich selbst das Alphabet untereinander und machen sich während des Hörens/Sehens Notizen.

HINWEIS

Sie können beeinflussen, welche Buchstaben nicht mit aufgenommen werden, indem Sie sich den Text vorher anhören. Gibt es z. B. keine Informationen zu dem Buchstaben „Q", wird er auf der Flipchart gleich weggelassen.

KUGELLAGER

45

Klassenstufe	5–10
Ziel	Schüler sprechen ungesteuert
Arbeitsform	Plenum
Material/Vorbereitung	–
Zeit	10 Minuten
Einbindung in den Unterricht	Zusammenfassung

BESCHREIBUNG

Die Schüler stellen sich in einem Innen- und einem Außenkreis auf und schauen sich dabei an. Die Schüler des inneren Kreises erhalten die Aufgabe, den Schülern des Außenkreises jeweils eine inhaltliche Thematik der Stunde zu erklären (dies sollten Sie als Lehrkraft jeweils vorgeben). Dann gehen die Schüler des Innenkreises einen Schritt nach links. Nun erklären die Schüler des Außenkreises noch einmal dieses Thema (sozusagen als Verstehensabsicherung). Dann geht der Innenkreis weiter nach links und es gibt eine weitere Aufgabe – z. B.: Was war neu in der Stunde? Was nimmst du mit? etc.

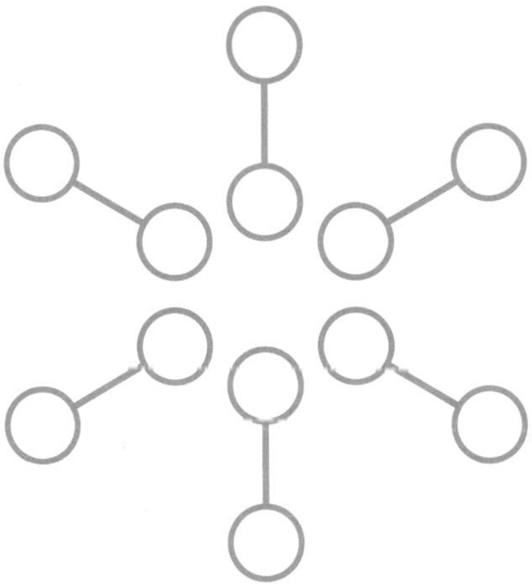

HINWEISE

- Das Kugellager ist eine hervorragende Methode für fast alle Themenbereiche des Unterrichts. Es eignet sich besonders gut dazu, alle Schüler gleichzeitig zu einem Thema zu Wort kommen zu lassen. Sie gehen herum und machen sich in der Zwischenzeit Notizen zu Fehlern, inhaltlichen Problemen etc.
- Bei wenig Platz geht das auch in jeweils zwei Reihen, die sich gegenüberstehen (Speed-Dating). Dazu muss dann die erste Person in der rechten Reihe nach ihrem Gespräch nach hinten gehen und alle in der rechten Reihe rücken eins auf.
- Im Kugellager ist es tendenziell sehr laut. Deshalb ist die Methode nicht für eine längere Phase geeignet.

VARIANTE

Statt einen Schritt weiter nach links können es auch jeweils ganz unterschiedliche Schritte sein: mal zwei weiter, dann vier, dann einer in die andere Richtung.

46 STÖRBALL

Klassenstufe	5–10
Ziel	Schüler trainieren ihre Schreibkompetenz und üben den Satzbau
Arbeitsform	Partnerarbeit
Material/Vorbereitung	1 Ball pro Paar
Zeit	10 Minuten
Einbindung in den Unterricht	Übungsphase

BESCHREIBUNG

Ein Schüler wird aufgefordert, zu einem Thema zu sprechen. Sie werfen ihm zwischendurch einen Ball hin, der ihn nicht in seinem Redefluss beeinträchtigen darf. Der Ball soll einfach nur gefangen und zurückgeworfen werden ohne zu stoppen. Das klingt allerdings einfacher, als es ist.

VARIANTEN

- Es können auch zwei Schüler einen Dialog führen, müssen also aufmerksam sein, was der andere sagt, und ob ein Ball kommt.
- Man kann einen Wettbewerbscharakter daraus machen: Wenn eine Person ins Stocken gerät, muss sie sich hinsetzen und darf nicht mehr mitspielen. Sinnvoll ist es dabei, erst in Vierer-Gruppen zu beginnen und die Gewinner der Gruppen dann gegeneinander antreten zu lassen.

HINWEIS

Diese Methode fördert das freie Sprechen und ist für den DaZ-Unterricht sehr gut geeignet. Zum Sprechen eignen sich nicht nur Texte, sondern auch Wörter oder Wortgruppen, an die man sich erinnern soll.

Es ist wichtig, dass die Person, die den Ball wirft, versucht, immer Augenkontakt aufzunehmen, damit der Ball nicht unerwartet kommt.

HANDLUNGSFOLGE

47

Klassenstufe	5–10
Ziel	Schüler üben feste Redemittel und hören konzentriert zu
Arbeitsform	Plenum
Material/Vorbereitung	Kärtchen
Zeit	10 Minuten
Einbindung in den Unterricht	Übungsphase

BESCHREIBUNG

Sie schreiben auf Kärtchen bestimmte Aktionen (siehe Kopiervorlage) und verteilen die Kärtchen. Dann beginnen Sie mit Ihrem Signal (z. B. „Guten Morgen"). Auf einem Kärtchen steht dann z. B.: *„Wenn jemand ‚Guten Morgen' sagt, stellen Sie sich vor."* Auf einem anderen Kärtchen steht dann *„Wenn sich jemand vorstellt, sagen Sie ‚Ein toller Name!'"* etc. Die jeweilige Person steht auf und reagiert.

VARIANTE

Das Ganze kann man auch durch Geräusche oder Berührungen oder Bewegungen unterstützen oder vervollständigen. Die Schüler können in Gruppen selbst Aktionskarten schreiben und dann im Plenum ausprobieren, ob es klappt.

Wenn jemand „Guten Morgen" sagt, stellen Sie sich mit Vor- und Zuname vor.	Wenn sich jemand vorstellt, sagen Sie, dass Sie den Namen toll finden.	Wenn jemand etwas toll findet, dann sagen Sie, dass Sie das auch so sehen.
Wenn jemand seine Zustimmung gibt, dann fragen Sie, dass Sie nicht wissen, worum es geht.	Wenn jemand sagt, dass er nicht weiß, worum es geht, stehen Sie auf und fordern Sie ihn auf, aufzupassen.	Wenn jemand aufsteht, fragen Sie nach der Uhrzeit.
Wenn jemand nach der Uhrzeit fragt, zeigen Sie auf Ihre (imaginäre) Uhr und sagen die (oder irgendeine) Uhrzeit.	Wenn jemand die Uhrzeit sagt, schlagen Sie mit der Hand auf den Tisch und fluchen.	Wenn jemand mit der Hand auf den Tisch schlägt, fragen Sie, was los ist.
Wenn jemand fragt, was los ist, packen Sie Ihre Sachen und sagen, dass Sie losmüssen.	Wenn jemand seine Sachen packt, dann stampfen Sie mit den Füßen und sagen, dass der Unterricht noch nicht zu Ende ist.	Wenn jemand mit den Füßen stampft, dann bestätigen Sie das mit einem deutlichen „Ja genau".

VI SPIELE ZU BESTIMMTEN THEMEN: ZAHLEN

48 MATHE IM RAUM

Klassenstufe	5–7
Ziel	Schüler trainieren die Zahlen
Arbeitsform	Plenum
Material/Vorbereitung	Zettel
Zeit	10 bzw. 7 Minuten
Einbindung in den Unterricht	Wiederholungs- oder Festigungsphase bzw. Übungsphase

BESCHREIBUNG

Alle Schüler bekommen einen Zettel mit einer Zahl und bewegen sich durch den Raum und suchen sich einen Partner. Sie versuchen gemeinsam durch Addieren, Subtrahieren, Multiplizieren oder Dividieren die kleinst- und größtmögliche Zahl herauszubekommen und laut zu nennen. Danach werden die Zettel getauscht und neue Partner gesucht.

VARIANTE

Die Paare kommen zusammen und nennen alle möglichen Zahlen von 1 bis 100, die mit der Zahl auf dem Zettel etwas zu tun haben. Ein Schüler hat z. B. die 8. Also muss die andere Person sagen: 18, 28, 38, ... etc. Dann werden die Zettel getauscht und alles beginnt von vorne.

ALTERNATIVE

Machen Sie fünf verschiedene Bewegungen aus, z. B.

0 = rechten Arm auf linke Schulter legen
1 = linken Arm auf rechte Schulter legen
2 = rechten Daumen auf rechten Mittelfinger
3 = linken Daumen auf linken Ringfinger
4 = mit der Hüfte kreisen

Dann nennen Sie eine größere Zahl, z. B. 431, und die Schüler machen nacheinander die dazugehörigen Bewegungen.

VARIANTEN

- Sie können natürlich die Zahlen und Bewegungen verändern – je nachdem, was Sie gerade üben möchten.
- Sie können die Bewegung vormachen und die Schüler nennen dann die Zahl oder ein anderer Schüler nennt eine Zahl.

DATUMSTWIST MIT ZAHLENTURNEN

49

Klassenstufe	5–10
Ziel	Schüler trainieren die Datumsangabe bzw. die Zahlen von 1–100
Arbeitsform	Partnerarbeit
Material/Vorbereitung	–
Zeit	8 bzw. 10 Minuten
Einbindung in den Unterricht	Übungsphase bzw. Thema Tagesabläufe Wiederholungsphase, Individualunterricht

BESCHREIBUNG

Sie geben folgende Bewegungen vor:

0 Kopf zur Seite drehen
1 Schultern hochziehen
2 Arme gestreckt über dem Kopf
3 Arme gestreckt zur Seite
4 Twist
5 rechts Bein heben
6 linkes Bein heben
7 Oberkörper zur Seite dehnen
8 eine Acht mit der Hüfte malen
9 Oberkörper vorbeugen

Das üben Sie ein paar Tage als Energieaufbauübung zu Beginn des Unterrichts (erst die Zahlen bis 5, dann den Rest, bis es ohne viel Aufwand automatisiert ist). Beim nächsten Mal laufen die Schüler durch den Raum und auf Ihr Kommando hin gehen sie zu zweit zusammen und machen jeweils, ohne dabei zu sprechen, die Bewegung für ihr Geburtsdatum. Die andere Person sagt danach das richtige Datum.

Beispiel:
14.04.: Schultern hochziehen, Twist, Kopf zur Seite, Twist
Dann werden neue Paare gewählt.

ALTERNATIVEN

- Sie können das mit Mathematik verbinden. Dann machen Sie noch drei Symbole für +, – und = aus und lassen paarweise mit den Bewegungen rechnen.
- Die Schüler stehen vor ihren Plätzen. Bevor Sie die Übung beginnen, schreiben Sie verschiedene Bewegungen an die Tafel oder/und machen Sie vor.

  32 rechter Arm hoch
  23 linker Arm hoch
  43 rechten Bizeps zeigen
  34 linken Bizeps zeigen
  54 rechte Schulter kreisen
  45 linke Schulter kreisen
  65 mit rechter Hand zur Nase
  56 mit linker Hand zur Nase
  76 rechter Arm zum linken Knie
  67 linker Arm zum rechten Knie
  87 rechtes Bein heben
  78 linkes Bein heben
  98 mit rechtem Bein eine Acht malen
  89 mit linkem Beim eine Acht malen

HINWEIS

Diese Übung ist speziell für die schwierigen deutschen Zahlen eine gute Übung. Sie lässt sich aber natürlich beliebig auf anderes übertragen und ist auch als normale Zahlenübung in Bewegung durchaussinnvoll.

50 DAS EINHORN

Klassenstufe	5–10
Ziel	Schüler trainieren Zahlen
Arbeitsform	Plenum
Material/Vorbereitung	–
Zeit	5 Minuten
Einbindung in den Unterricht	Festigungsphase

BESCHREIBUNG

Alle stehen hinter ihren Stühlen in einem Halbkreis oder U. Die Schüler zählen ab. Sie entscheiden, in welcher Form, ob ab 1 oder ab 10, 20, 30 etc. oder 21, 22, 23. Es sollte aber in jedem Fall eine nachvollziehbare Reihenfolge entstehen.
Jeder merkt sich seine Zahl. Sie sind „das Einhorn" (oder irgendeine Person, ein Tier, Fabelwesen etc., was Ihnen oder den Schülern einfällt) und fangen an. Alle beginnen zu stampfen und einen gemeinsamen Rhythmus zu finden. In diesem Rhythmus sagen Sie drei Mal „das Einhorn" und fügen zum Schluss irgendeine Nummer an, die als Nächstes dran ist. Die nennt seine Zahl im Takt und dann eine andere aus der Runde.
Sobald jemand den Takt verloren hat, indem er z. B. zu spät oder falsch antwortet, wechseln alle Nummern eine Person weiter, d. h. aus Nummer 1 wird „das Einhorn", aus Nummer 2 Nummer 1 etc. „Das Einhorn" wird zur letzten Zahl in der Runde.

VARIANTEN

Dies funktioniert auch gut, um die Kollokationen zu üben. Jeder bekommt einen Zettel (Kopiervorlage oder eigene) mit einer Kollokation und heftet ihn sich vor die Brust. Alle laufen zunächst im Raum herum, um zu sehen, welche Kollokationen im Spiel sind. Dann stellen sich alle wieder in den Halbkreis oder ins U und es geht wie oben beschrieben los. Anstelle der Nummern werden dann die Kollokationen genannt. Daraus kann im zweiten Schritt auch eine Geschichte entstehen.
„Das Einhorn, das Einhorn, das Einhorn geht spazieren"
„... geht spazieren, geht zu Bett"
„... geht zu Bett und gibt sich Mühe, ..."

HINWEIS

Alle müssen sich sehr konzentrieren. Besonders wenn schnell gewechselt wird, muss man immer aufpassen, dass man die richtige Nummer bzw. Kollokation im Kopf hat.

KOPIERVORLAGE

KOLLOKATIONEN NENNEN

geht spazieren	nimmt Kontakt auf
äußert eine Bitte	übt Druck aus
bekommt eine Antwort	bleibt auf der Strecke
führt ein Gespräch	gibt sich Mühe
weiß Bescheid	geht an Board
geht zu Bett	hat Interesse
hat Vertrauen	kommt in Frage
kommt ums Leben	leistet Widerstand
macht ein Angebot	macht sich Sorgen
nimmt Abschied	nimmt sich Zeit
ist am Ende	ist in Gefahr
steht zur Wahl	steht unter Verdacht
stellt Ansprüche	stößt auf Ablehnung
trifft eine Auswahl	zieht Konsequenzen
sagt seine Meinung	genießt Respekt
besteht die Prüfung	spielt eine Rolle
schöpft Verdacht	begeht einen Fehler
gerät in Schwierigkeiten	meldet sich zu Wort
erfüllt sich einen Wunsch	fasst einen Entschluss

51 UHRZEITEN STELLEN

Klassenstufe	5–10
Ziel	Schüler visualisieren die Uhrzeiten
Arbeitsform	Plenum
Material/Vorbereitung	Stühle, 2 DIN-A4-Blätter
Zeit	10 Minuten
Einbindung in den Unterricht	Einführungs- oder Festigungsphase

BESCHREIBUNG

Sie stellen zwölf Stühle in einem Kreis zusammen und beschriften die zwei Blätter mit einer sechs und einer zwölf. Dann bitten Sie eine kleine und große Person, in die Mitte zu kommen. Die kleine Person steht für den Minuten-, die große für den Stundenzeiger. Sie sollen sich irgendwo hinstellen und die anderen sagen die Uhrzeit.

HINWEIS

Es kann hilfreich sein, die Uhrzeit so einzuführen oder zu festigen, um den Schülern die Möglichkeit zu geben, sich das visuell besser vorzustellen. Da Uhrzeiten im Deutschen sehr komplex und schwierig sind, kann dies oftmals helfen, einen Zugang zur Thematik zu erhalten.

SCHREIB NICHT, ZÄHL!

52

Klassenstufe	5–10
Ziel	Schüler trainieren Rechtschreibung, Konzentration
Arbeitsform	Plenum
Material/Vorbereitung	–
Zeit	8 Minuten
Einbindung in den Unterricht	Wiederholungs- oder Festigungsphase

BESCHREIBUNG

Erstellen Sie eine Liste mit Vokabeln, die schwer zu schreiben sind. Teilen Sie die Wörter in Gruppen auf – je nachdem, worauf Sie den Fokus legen. Wollen Sie z. B. üben lassen, ob die Wörter mit einem oder zwei „s“ oder mit „ß“ geschrieben werden, kann das eine Gruppe sein. Zählen Sie alle „s“ pro Gruppe und schreiben Sie die Anzahl dahinter – siehe Beispiel.
Die Schüler stellen sich so auf, dass sie nach vorn und hinten Platz haben. Sie sagen ihnen, dass sie bei jedem Wort, das sie hören, die „s“ addieren sollen. Jedes Mal, wenn sie in einem Wort ein „s“ hören, machen sie einen Schritt vorwärts – bei *Sahnesoße* also zwei Schritte.

Beispiel:
Zähle alle „s“
Schlüssel (3), Tasse (2), süß (1), Salzwasser (3), Spaß (1) = 10

Zähle alle „h“
zahlen (1), Nase (–), Wahlen(1), ahnen (1), Name (–), Haar (1) = 4

Zähle alle „c“
Wecker (1), parken (–), pünktlich (–), glücklich (2), eklig (–), Gedanke (–), eckig (1), tanken (–) = 3

VARIANTEN

1. Die Schüler gehen je nach Anzahl Schritte zurück und subtrahieren diese Zahl von 100.
2. Die Schüler konzentrieren sich auf verschiedene Buchstaben, z. B. auf „e“ und „n“. Bei „e“ gehen sie vorwärts, bei „n“ gehen sie rückwärts. Zum Schluss wird alles zusammengezählt.
3. Die Schüler müssen verschiedene Bewegungen machen, je nachdem, was Sie gemeinsam ausmachen.
4. Auch die Groß- und Kleinschreibung kann damit geübt werden. Sie nennen Wörter und die Schüler entscheiden, ob es groß (einen Schritt vor) oder klein (einen Schritt zurück) geschrieben wird und zählen entweder das eine oder das andere- so, wie Sie es vorher ausmachen.

VII SPIELE ZU BESTIMMTEN THEMEN: ALPHABET

53 BUCHSTABEN- UND SILBENLIEBE

Klassenstufe	5–10
Ziel	Schüler trainieren Groß- und Kleinschreibung bzw. Silben
Arbeitsform	Plenum
Material/Vorbereitung	Zettel
Zeit	10 Minuten
Einbindung in den Unterricht	Einführungs- oder Festigungsphase

BESCHREIBUNG

Sie verteilen Groß– und passende Kleinbuchstaben, von denen Sie denken, dass sie den Schülern schwerfallen, die leicht verwechselbar sind oder die Sie gerade gelernt haben (Alpha-Unterricht).
Jeder Schüler hat einen Zettel und sucht jeweils die große Liebe – also die jeweiligen Groß- und Kleinbuchstaben finden sich zusammen.
Sie können auch Buchstabenverbindungen üben lassen. Manche Buchstaben können dann sehr begehrt sein und sollten so oft im Spiel sein wie Verbindungsbuchstaben (z. B., s-ch, s-t, s-p) vorhanden sind.

ALTERNATIVEN

1. Runde: Alle klatschen die Silben ihres Namens.
2. Runde: Für ein „A" in einer Silbe des Namens wird nicht geklatscht, sondern geschnipst, z. B.:
   An -dre – a = schnipsen – klatschen – schnipsen
3. Runde: Für ein „e" wird nicht geklatscht, sondern gestampft, z.B:
   An - dre - a = schnipsen – stampfen – klatschen

Weitere Runden sind möglich, wobei nach der vierten Runde die Konzentration stark nachlässt.
Das funktioniert natürlich auch mit anderen Wörtern, je nachdem, was Sie gerade im Unterricht behandeln.

BUCHSTABENALPHABET 54

Klassenstufe	5–10
Ziel	Schüler trainieren Buchstaben
Arbeitsform	Partner oder Gruppenarbeit
Material/Vorbereitung	–
Zeit	10 Minuten
Einbindung in den Unterricht	Einführungs- oder Festigungsphase

BESCHREIBUNG

Die TN bilden zusammen mit anderen einen Buchstaben mithilfe ihres Körpers. Die anderen raten oder „lesen" welchen. Die TN können das auch allein mit ihren Fingern, Armen etc. versuchen. Welche Körpervariante ist die beste?
Die Schüler arbeiten in Gruppen und eine Person versucht, pantomimisch Wörter durch Buchstabenaneinanderreihung darzustellen. Die anderen raten das Wort.

VIII PHONETIKSPIELE

55 SCHINKENBRÖTCHEN

Klassenstufe	5–7
Ziel	Schüler trainieren den Wortakzent
Arbeitsform	Plenum
Material/Vorbereitung	–
Zeit	10 Minuten
Einbindung in den Unterricht	Festigungs- oder Wiederholungsphase

BESCHREIBUNG

Die Schüler sitzen und stampfen mit den Füßen jede Silbe des Wortes Schinkenbrötchen (vier Silben). Zusätzlich klatschen Sie an der Stelle, an der der Wortakzent ist, also auf „Schin". Die Schüler machen es nach. So können Sie verschiedene Wörter und ihren Wortakzent einführen.
Daraus können Sie einen Rhythmus machen:

1. 2×

Takt 1	Takt 2	Takt 3	Takt 4
Schin-ken-brö-tchen	es-sen	es-sen	es-sen
(4× schnell klatschen)	(2× klatschen)	(2× klatschen)	(2× klatschen)

2. 2×

Takt 1	Takt 2
Schin-ken-brö-tchen	es-sen
(4× schnell klatschen)	(2× klatschen)

3.

Takt 1	Takt 2	Takt 3	Takt 4
Schin-ken-brö-tchen	Schin-ken-brö-tchen	bumm!	2, 3, 4
(4× schnell klatschen)	(4× schnell klatschen)		

Das kann jetzt beliebig verändert werden, je nach Wortschatz *(Kin-der-zim-mer, auf-räum'n, mit-dem-Bus fah-ren, Cha-rak-ter-stär-ke zei-gen* etc.*)*

ALTERNATIVE

Spannend wird es, wenn Sie mit dem Wortakzent spielen und Musik machen. Dies hilft, um deutlich zu machen, dass ein Wortakzent das Wort lautlich verändert. Für viele ist das in der Zweit- oder Fremdsprache nicht gleich erkennbar.
Dafür eignet sich folgendes Muster, das Sie an die Tafel schreiben: *„Stampft jeweils die Füße und sprecht das Wort so, dass jedes Mal der Wortakzent eine Silbe weiter rutscht!"*

Schin-ken-brö-tchen
Schin-**ken**-brö-tchen
Schin-ken-**brö**-tchen
Schin-ken-brö-**tchen**

KOPIERVORLAGE

AKZENTE SETZEN

Hühnersuppe	schmeckt gut
Sommerkleidung	passt nicht
Handynummer	stimmt nicht
Mittagessen	klappt nicht
Schlechte Laune	stört mich
Mein Motorrad	bleibt hier
Meine Schwester	droht mir
Eure Tante	braucht euch
Diese Sorgen	kenn ich
Meine Freiheit	fehlt mir
Liebe Freunde:	lebt jetzt
Marmelade	mag ich
Neue Freunde	will ich
Diese Hitze	spür ich

56 WATTEFUSSBALL

Klassenstufe	5–10
Ziel	Schüler trainieren den Plosiv „p“
Arbeitsform	Partnerarbeit
Material/Vorbereitung	Watte, Kreppband
Zeit	6 Minuten
Einbindung in den Unterricht	Festigungsphase

BESCHREIBUNG

Sammeln Sie mit den Schülern Wörter mit „p“ am Anfang oder in der zweiten Silbe. Schreiben Sie alle an die Tafel und nummerieren Sie sie. Dann bilden die Schüler Paare, die sich gegenübersitzen. Sie formen sich jeweils aus Watte einen kleinen Ball und kleben mit Kreppband ein Fußballfeld (mit großem Tor) auf ihren Tisch. Mit dem ersten Wort an der Tafel wird begonnen. Anstoß ist von der Mittellinie aus. Dann versuchen beide, jeweils mit ihrem Wort den Ball in das gegnerische Tor pustend zu sprechen. Fällt ein Tor, wird danach auf beiden Seiten das Wort gewechselt. Wer die meisten Tore hat, gewinnt.

VARIANTEN

Es geht auch komplett ohne Fußball. Dann macht man vor sich auf den Tisch eine Anfangslinie aus, hält die eigenen Wortkarten bereit und versucht, sie nacheinander im Zweikampf mit der anderen Person auf die andere Seite zu pusten. Wer gewonnen hat, darf ein neues Wort benutzen und erneut antreten. Wer als Erster alle Kärtchen benutzt hat, siegt.

Papier	**packen**	**Po**
Preis	**Polizei**	**Pubertät**
Pädagogik	**pünktlich**	**Plan**

SIPP, SIEP

57

Klassenstufe	5–10
Ziel	Schüler trainieren Minimalpaare, z. B. langes und kurzes „i“
Arbeitsform	Plenum
Material/Vorbereitung	Ball oder irgendein Gegenstand für jede Person
Zeit	10 Minuten
Einbindung in den Unterricht	Einführungs- oder Festigungsphase

BESCHREIBUNG

Es gibt folgende Kommandos: „Sipp“ = links, „Siep“ = rechts
Alle stehen. Sie als LK sagen „Sipp“ und die Schüler geben ihren Gegenstand nach rechts weiter. Sie sagen „Siep“ und die Schüler geben ihren Gegenstand nach links weiter. Dann spricht ein anderer aus der Gruppe, denn als Kursleiter kann man die Minimalpaare in der Regel sprechen, die Schüler aber nicht unbedingt.
Wenn das klappt, erweitern Sie die Aufgabe: Wenn Sie „Sipp“ sagen, geben die Schüler den Gegenstand nach rechts weiter, machen aber gleichzeitig einen Schritt nach links. Bei „Siep“ umgekehrt.
Wenn auch das gut klappt, können Sie noch zwei weitere Kommandos hinzufügen „Sipp-Siep – Siep-Sipp“. Dabei bleiben alle stehen und bewegen sich nicht.

VARIANTEN

- Sie ersetzen die Vokale (Sopp, Supp, oder Sepp und Sipp) oder Konsonanten (Wipp, Bipp) – je nach Übungsthema.
- Wenn Sie Platz für einen Kreis haben, eignet sich folgendes Vorgehen: Alle werfen ihren Gegenstand gerade nach oben und machen einen Schritt zur Seite (Sipp = rechts, Siep = links). Sie fangen also den Gegenstand von dem jeweiligen Partner links oder rechts.

HINWEIS

Viele haben Probleme mit der Unterscheidung von *rechts* und *links*. Testen Sie das vorher aus. Wenn es so ist, muss erst das solange als Konzentrationsübung ohne Phonetik geübt werden, bis es funktioniert. Dazu können Sie z. B. zwei neutrale Kommandos nennen – wie eben rechts *rechts* und *links*. Erst wenn es keine Probleme mit dem Ablauf mehr gibt, kann die Phonetik hinzugefügt werden.
Wichtig ist es, wie bei allen Bewegungsspielen, dass es nicht darum geht, es perfekt zu können, sondern dass sich Synapsen auch dann schon richtig verbinden, wenn man es lediglich versucht.

58 BECHERRAP

Klassenstufe	5–10
Ziel	Schüler trainieren schwierige Laute
Arbeitsform	Plenum
Material/Vorbereitung	Becher
Zeit	15 Minuten
Einbindung in den Unterricht	Einführungs- oder Festigungsphase

BESCHREIBUNG

Die TN haben vor sich einen Becher stehen. Sie machen die Bewegungen vor und sprechen den Text, wie es angeben ist. Die TN machen es nach (alles in einem Rhythmus, also hintereinander weg):

TEIL 1:

- 2 × in die Hände klatschen: „bü-bü"
- 3 × auf den Tisch schlagen: rechts, links, rechts = „bö-bö-bö"
- 1 × in die Hände schlagen: „bü"
- mit der rechten Hand den Becher greifen (nicht abheben): „bö" den Becher auf den Tisch schlagen: „bom": Rhythmus = „bü-bü, bö-bö-bö, bü-bö, bom" ...

VARIANTE

Dieses Spiel ist auf andere Laute übertragbar, die den TN Schwierigkeiten bereiten, also z. B.: ich, ich / ich, ich, dich / ich / dich / nicht. Es geht auch noch länger:

TEIL 2:

Ü	und	ö	führ'n	schön	her-	um
1	2	3	4	5	6	7

1 = 1× in die Hände klatschen, 2 = die rechte Hand drehen und den Becher nehmen, 3 = in die linke Hand schlagen, 4 = den Becher umdrehen und auf den Tisch schlagen, 5 = Becher in die linke Hand übergeben, 6 = mit der rechten Hand auf den rechten Oberschenkel schlagen, 7 = mit der linken Hand den Becher auf den Tisch des rechten Partners abstellen

Nach einer Weile sollte der Text weggelassen werden. Die TN sollen sich jeweils auf ihren linken Nachbar konzentrieren und versuchen, mit ihm den Rhythmus in Einklang zu bringen (wenn das alle tun, müsste es gut klingen).

Um gut in einen Rhythmus zu kommen, kann man es zwischendurch so ausprobieren: Alle Becher stehen vor Ihnen. Sie machen Teil 1 vor. Sobald der Partner links von Ihnen einen Becher vor sich hat, beginnt auch er mit dem Rhythmus. So setzt es sich fort. Die anderen warten jeweils, bis sie einen Becher erhalten.

Es geht auch ohne Becher, dann gilt es, anstatt den Becher zu greifen und zu schlagen, nacheinander auf den Tisch zu klopfen und dann mit der flachen Hand zu tönen.

HINWEISE

Dieses Spiel ist effektiv, aber etwas laut. Man könnte ein Stück Stoff unterlegen, um es zu dämpfen. Im Internet gibt es zahlreiche Anleitungen zum Becherrap. Wer ihn erfunden hat, ist unbekannt.

VOR-/ZURÜCK-GEHEN UND KOMMAHÖREN 59

Klassenstufe	5–7
Ziel	Schüler trainieren lange und kurze Vokale bzw. Satzmelodie und Satzzeichenregelung
Arbeitsform	Plenum
Material/Vorbereitung	Lesetext
Zeit	10 Minuten
Einbindung in den Unterricht	Arbeit mit Texten und länger am Text bleiben

BESCHREIBUNG

Die TN stehen entsprechend der U-Form hinter ihren Plätzen zusammen, und zwar eng und eingehakt. Sie als Lehrkraft nennen Wörter, die entweder einen kurzen oder langen Vokal haben. Hören die TN einen kurzen Vokal, gehen sie nach vorn, hören sie einen langen Vokal, gehen sie nach hinten.

VARIANTEN

- Das funktioniert auch mit Wortschatz, um das Kategorisieren zu üben: bei Obst nach rechts, bei Gemüse nach links.
- Auch in der Grammatik ist es anwendbar – z. B. bei trennbaren Verben: trennbar nach links, nicht trennbar nach rechts.

ALTERNATIVE

Sie machen für die verschiedenen Satzzeichen eine Bewegung aus, z. B. beim Punkt mit dem Fuß stampfen, beim Komma schnipsen, beim Fragezeichen in die Hände klatschen. Dann lesen Sie einen Text vor und die TN machen das passende Geräusch, wenn sie glauben, dass es ein bestimmtes Satzzeichen gibt.
Danach liest ein TN aus dem Kurs vor. Dabei muss er aufpassen, ob die eigene Sprachmelodie mit den Regeln und dem Feedback aus der Gruppe übereinstimmt.

VARIANTE

Dies funktioniert auch gut in der Gruppe: Einer liest, die anderen machen die Bewegung. Dann wird gewechselt.

60 BUCHTENNIS

Klassenstufe	5–10
Ziel	Schüler trainieren Minimalpaare
Arbeitsform	Partnerarbeit
Material/Vorbereitung	ein Buch und ein Ball pro Paar
Zeit	10 Minuten
Einbindung in den Unterricht	Übungsphase

BESCHREIBUNG

Es werden Paare gebildet. Die eine Hälfte steht auf der einen, die andere Hälfte auf der anderen Seite der Tische. Jedes Paar erhält einen Tennisball und nimmt sich ein Lehrbuch. Einer des Paares ist jeweils der Chef, der andere reagiert. Der Chef erhält den Ball, der Reagierende das Buch. Letzterer versucht zunächst, den Ball mit dem Buch aufzufangen, auszubalancieren und wieder mit der anderen Hand zurückzuwerfen. Dann beginnt die Aufgabe: Der Chef nennt z. B. Wörter auf einer Liste, die sich nur durch einen Laut unterscheiden. Ist es z. B. ein langer Vokal, muss derjenige, der reagiert, den Ball zurückwerfen. Ist es aber ein kurzer Vokal, muss er ihn aufprellen lassen. Der Sprecher muss sich deutlich artikulieren.

Minimalpaare

ü oder i, u	lang oder kurz	p oder b
müssten – mussten	Miete- Mitte	Pass – Bass
Kiste –Küste	bieten – bitten	Paar – Bar
gute – Güte	stehlen – stellen	Oper – Ober
sieden – Süden	beten – Betten	packen – backen
liegen – lügen	Täler – Teller	Brille – Pille
Spuren – spüren	Schrot – Schrott	Blatt – platt
Tier – Tür	offen – Ofen	Gebäck – Gepäck
sticken – Stücken	Polen – Pollen	Alpen – Alben

t oder d	h oder nicht	ss, ß, z oder s (stimmhaft)
tanken – danken	im Haus – im Aus	heißer – heiser
Tier – dir	aus Hessen – aus Essen	reißen – reisen
baten – baden	wie hier – wie ihr	fließen – Fliesen
Deich – Teich	Hund – und	Wesen – wessen
Ende – Ente	hin – in	seit – Zeit
Mandel – Mantel	Hälfte – elfte	selten – zelten
Lieder – Liter	Hals – als	Wiesen – wissen
dippen – tippen	hoffen – offen	Sinn – Zinn

VARIANTEN

Das funktioniert auch gut mit Wortgruppen: Möbel im Wohnzimmer / Möbel im Schlafzimmer, Körperteile äußerlich/innerlich, Ost/Gemüse, Stadt/Land, süße Lebensmittel / salzige Lebensmittel etc.

SCHOKOLADENHÄNDE

61

Klassenstufe	5–10
Ziel	Schüler trainieren Silben
Arbeitsform	Plenum
Material/Vorbereitung	keins
Zeit	6 Minuten
Einbindung in den Unterricht	Festigungsphase

BESCHREIBUNG

Die Schüler arbeiten zu zweit. Alle lernen die von Ihnen vorgegebenen Bewegungen und üben dann, bis sie es fehlerfrei können:
„Schoko" = die Hände beim Partner aneinander klatschen
„la" = die Fäuste aneinander
„de" = die Handrücken aneinander

Folgender Rhythmus:
„Schoko, schoko"
„la,la"
„Schoko, schoko"
„de,de"
„Schoko – la"
„Schoko-de"
„Schoko-la-de"

Danach werden neue Wörter gesucht, die nach dem gleichen Prinzip erarbeitet werden.

ALTERNATIVEN

- Welches Paar schafft es am schnellsten? Die Paare treten gegeneinander an und jeweils das Gewinnerpaar kämpft gegen ein anderes Gewinnerpaar bis zum Finale.
- Als Artikelspiel: Die Schüler lernen immer zwei Wörter in Bewegung (die den Wortakzent auf der ersten Silbe haben) mit dem passenden Artikel
  „zweisilbiges Wort" = zwei Mal für beide Silben die Hände beim Partner aneinander klatschen
  „die" = die Fäuste aneinander
  „das" = die Handrücken aneinander
  („der" = zwei Mal mit den Füßen stampfen)

  „Arbeit, Arbeit" die, die
  „Leben, Leben", das, das
  „Arbeit" die, „Leben" das
  „Arbeit, Leben", die und das

HINWEIS

Wenn die Schüler sich nicht berühren wollen, kann man es auch in der Luft machen oder jeder für sich. Es geht auch wunderbar auf der Tischplatte – aber Achtung: laut!

KOPIERVORLAGE

ARTIKEL ABKLATSCHEN

der	die	das
Anfang	Arbeit	Thema
Name	Ansicht	Zimmer
Euro	Antwort	Wasser
Titel	Nummer	Kino
Rahmen	Heimat	Handy
Einsatz	Insel	Auto
Handel	Rückkehr	Mädchen
Boden	Auskunft	Zentrum
Abend	Umwelt	Treffen
Auftrag	Regel	Wunder
Zweifel	Steuer	Fenster
Vorschlag	Oper	Feuer
Anlass	Mauer	Wissen
Schaden	Software	Wetter
Wagen	Liebe	Training
Hinweis	Freiheit	Studium
Umgang	Zeitung	Essen

LITERATUR

HINTERGRUNDWISSEN

- Arnold, M. (2002): Aspekte einer modernen Neurodidaktik. Emotionen und Kognitionen im Lernprozess. Ernst Vögel: München.
- Arnold, M. (2011): Kinder denken mit dem Herzen. Wie die Hirnforschung Lernen und Schule verändert. Beltz: Weinheim und Basel.
- Barrett, L. et al. (2002): Human Evolutionary Psychology. Princeton University Press: Princeton.
- Becker, N. (2006): Die neurowissenschaftliche Herausforderung der Pädagogik. Klinkhardt: Bad Heilbrunn.
- Ralf Caspary (Hrsg.) (2006): Lernen und Gehirn. Der Weg zu einer neuen Pädagogik. Herder Verlag: Freiburg.
- Bröhm-Offermann, B. (1989): Suggestopädie. Sanftes Lernen in der Schule. AOL: Lichtenau/Göttingen.
- Herrmann, U. (Hrsg.) (2009): Neurodidaktik. Grundlagen und Vorschläge für gehirngerechtes Lehren und Lernen. Beltz: Weinheim und Basel.
- Karsten, G. (2007): Lernen wie ein Weltmeister. Goldmann Verlag: München.
- Roth, G. (2007): Fühlen, Denken, Handeln. Wie das Gehirn unser Verhalten steuert. Suhrkamp: Berlin.
- Roth, G. (2011): Bildung braucht Persönlichkeit. Klett-Cotta: Stuttgart.
- Siebert, H. (2006): Lernmotivation und Bildungsbeteiligung. Bertelsmann: Bielefeld.

METHODEN AUS DER FREMDSPRACHENDIDAKTIK

- Böschel, C. (2015): Fremdsprache in Bewegung. Variadu: Fürth.
- Böschel, C. et al. (2009–2012): Ja genau!. Deutsch als Fremdsprache Bd. 1–6. Cornelsen Verlag: Berlin.
- Brinitzer, M. / Damm, V. (1999): Grammatik sehen. Arbeitsbuch für Deutsch als Fremdsprache. Hueber: Ismaning.
- Grötzebach, Claudia (Hrsg.) (2008): Spiele und Methoden für ein Training mit Herz und Verstand. 70 Methoden für ein aktivierendes Training. Gabal Verlag: Offenbach/M.
- Kaufmann, S. et al. (Hrsg.) (2007–2009): Qualifiziert unterrichten. Fortbildung für Kursleitende Deutsch als Zweitsprache. Band 1–4, Hueber: Ismaning.
- Klein, K. (2002): So erklär ich das. 60 Methoden für produktive Arbeit in der Klasse. Verlag an der Ruhr: Mülheim an der Ruhr.
- Mithra, S. P. (2010): 77 Methoden für den aktiven Umgang mit Texten. Verlag an der Ruhr: Mülheim an der Ruhr.
- Mosimann, W. / Frick, R. (2001): Lernen ist lernbar. Eine Anleitung zur Arbeits- und Lerntechnik. Sauerländer: Aarau.

METHODEN AUS DER ARBEIT MIT SEMINARGRUPPEN

- Fengler, Jörg (1998): Feedback geben. Strategien und Übungen. Beltz: Weinheim und Basel.
- Groß, Harald (2010): munterbrechungen. 22 aktivierende Auflockerungen für Seminare und Sitzungen. Schilling: Berlin.
- Klein, Zamyat, M. (2008): Das tanzende Kamel. ManagerSeminare Verlags GmbH: Bonn.
- König, Stefan (2002): Warming-up in Seminar und Training. Beltz: Weinheim und Basel.
- Lundin, S. C. et al. (2015): Fish! – Ein ungewöhnliches Motivationsbuch. Goldmann: München.
- Meier, D. (2004): Accelerated Learning. Handbuch zum schnellen und effektiven Lernen in der Gruppe. ManagerSeminare Verlags GmbH: Bonn.
- Rachow, A. et al. (1998): Didaktische Spiele für alle, die in und mit Gruppen arbeiten. Neuland: Eichenzell.
- Reiners, Annette (2007): Praktische Erlebnispädagogik, Bd. 2. Ziel: Augsburg.
- Wallenwein, G. F. (2003): Spiele: Der Punkt auf dem i. Kreative Übungen zum Lernen mit Spaß. Beltz: Weinheim und Basel.
- Ziegler, E. (2006): Das australische Schwebeholz. Gabal: Offenbach/M.

METHODEN AUS DER ARBEIT MIT JUGENDLICHEN

- Duncker, L. et al. (2004): Schulkindheit, Anthropologie des Lernens im Schulalter. Kohlhammer: Stuttgart.
- Forsyth, D. R. (1998): Group Dynamics. Brooks/Cole, Wadsworth Publishing: London.
- Fuchs, B. (1998): Spiele fürs Gruppenklima. Don Bosco: München.
- Griesbeck, J. (1999): Spiele für Gruppen. Don Bosco: München.
- Griesbeck, J. (2002): Spiele zum Kennenlernen. Don Bosco: München.
- Lattanzi Roser, S. (2009): Energizers! 88 Quick Movement Activities That Refresh and Refocus. Center for Responsive Schools Inc.: Turners Falls, MA.
- Liebertz, C. (2009): Das Schatzbuch ganzheitlichen Lernens. Don Bosco: München.
- Portmann R. / Schneider E. (2000): Spiele zur Entspannung und Konzentration. Don Bosco: München.
- Vopel, K. W. (2004): Interaktionsspiele. Iskopress: Salzhausen.

ALPHABETISCHES REGISTER ALLER SPIELE